Arthur Mülberger

Die Eisenbahn-Reform in Württemberg

Arthur Mülberger

Die Eisenbahn-Reform in Württemberg

ISBN/EAN: 9783742898890

Hergestellt in Europa, USA, Kanada, Australien, Japan

Cover: Foto ©berggeist007 / pixelio.de

Manufactured and distributed by brebook publishing software (www.brebook.com)

Arthur Mülberger

Die Eisenbahn-Reform in Württemberg

DIE
EISENBAHN-REFORM
IN
WÜRTTEMBERG

VON

Dr. ARTHUR MÜLBERGER

TÜBINGEN 1896
VERLAG DER H. LAUPP'SCHEN BUCHHANDLUNG

VORWORT.

Die nachfolgenden kritischen Skizzen unserer Staatseisenbahn haben bei ihrem erstmaligen Erscheinen in der Tagespresse[1]) eine gewisse Beachtung in weiteren Kreisen gefunden. Der Schleier der Anonymität wurde ohne mein Zuthun gelüftet. Die Sonderausgabe dieser Skizzen bedarf wohl keiner Rechtfertigung; sie erscheint vielmehr erwünscht im Hinblick darauf, dass die Eisenbahnreform auch bei uns immer mehr in den Vordergrund der öffentlichen Interessen tritt und dass diese Skizzen hieran ihren unleugbaren Anteil gehabt haben und vielleicht noch haben.

Unsere Eisenbahn krankt an einem organischen Uebel, gegen das der gute Wille der Verwaltung und die gründliche Sachkenntnis der Fachleute — beides erkenne ich unumwunden an — völlig machtlos sind, so lange die Ursachen desselben nicht klar erkannt werden. Es ist deshalb die Aufgabe einer besonnenen Kritik, diese Ursachen zu ergründen, nicht aber, wie das in Eisenbahnsachen üblich ist, unter Berufung auf allerlei Schlagwörter die Verwaltung mit Detailvorschlägen zu bestürmen. Ich habe mich — von wenigen Ausnahmen[2]), wo ich direkt provoziert wurde, abgesehen — darauf beschränkt, die Richtungen anzudeuten, welche die Reform einzuschlagen hat. Nichts liegt mir ferner, als die Rechte des Fachmanns antasten zu wollen. Ich gebe vielmehr jeden Einzelvorschlag preis, wenn nur die Prinzipien gutgeheissen werden, aus denen die rationelle Durchführung der Reform sich mit Notwendigkeit ergeben wird. Unsere Eisenbahn gleicht einem Baue, dessen Fundamente ins Wanken geraten, derweilen die Bauleiter sich redlich abmühen, immer neue Stockwerke aufzusetzen und die Façaden mit allerlei modernem Beiwerk zu schmücken. So lange sie nicht lernt, sich den gesamten Verkehrsinteressen

---

1) S. »Beobachter« Jahrg. 1894—96.
2) S. Nr. V.

des Volkes dienstbar und die Massen mobil zu machen, sondern ihre Vorteile nur Sonderkreisen zuwendet, ist alles Reformieren fruchtlos.

Die Besserung der Verhältnisse unserer Eisenbahnen ist, wie ich glaube, der erste und wichtigste Schritt auf dem Wege der zielbewussten s o z i a l e n R e f o r m. Die Wirrnisse der wirtschaftlichen Lage und die Unklarheit der ökonomischen Ziele im Schosse der politischen Parteien predigen immer deutlicher die Wahrheit, »dass die ökonomischen Fragen in sich selbst und untereinander wesentlich widersprechender Natur sind, dass also alle zugleich nur mittelst eines höheren Prinzips aufgelöst werden müssen, welches alle Rechte achtet und schont, alle Zustände verbessert und alle Interessen mit einander versöhnt.« Ein solches versöhnendes Prinzip ist d i e N e u o r d n u n g d e r z i r k u l atorischen F u n k t i o n e n i n d e r G e s e l l s c h a f t a n d e r H a n d i h r e s m ä c h t i g s t e n A p p a r a t e s — d e r E i s e nb a h n. Nirgends liegen die Bedingungen für diese Reform günstiger, als bei uns, wo der Staatsgedanke seit jeher untrennbar mit der Eisenbahn verwachsen ist. Die natürlichen, die historischen, die politischen und die wirtschaftlichen Verhältnisse Württembergs fordern sie gebieterisch. Was könnte dem Geiste unserer schönen Heimat, dem Geiste der Freiheit, der Selbständigkeit und der Solidarität willkommener sein, als ein neues System der ökonomischen Gruppierung, das jedem Bürger die freieste Bewegung sichert, seine wirtschaftliche Stellung festigt und in die Uebermacht des Kapitals über die produktive Arbeit die erste Bresche legt?

C r a i l s h e i m, im August 1896.

Dr. A. Mülberger.

INHALT.

	Seite
I. Zur Geschichte unserer Staatseisenbahn. Eine Besprechung	1
II. Der Eisenbahntarif vor der Kammer. Eine historische Reminiscenz	12
III. Unsere Lokalbahnen	21
IV. Der Landtag und die Eisenbahn. Frühjahr 1895	27
1. Die Landtagswahlen und die Eisenbahnreform	27
2. Die Rede des Ministers	29
3. Die Kammer-Debatte	32
4. Die Eisenbahnrente	36
V. Eine Musterorganisation für den Nahverkehr. Ein Projekt	41
VI. Die »Millionen«	44
VII. Das Prinzip des Eisenbahntarifs	49
VIII. Zur Naturgeschichte des Bummelzugs	52
IX. Eisenbahnschmerzen	56
X. Strassen und Eisenbahnen	59
XI. Die Kleinbahnen	62
XII. Eine neue Eisenbahnfahrkarte	66
XIII. Grosskapital und Eisenbahn	69
XIV. Eisenbahn und Landwirtschaft	74
XV. Fahrplan-Studien	77
XVI. »Soziale Verkehrspolitik«. Eine Besprechung	81
XVII. Die preussische Staatseisenbahn. Eine Besprechung	84
XVIII. Die gesetzliche Verabschiedung des Eisenbahntarifs	89

I. Zur Geschichte unserer Staatseisenbahnen.

Eine Besprechung.

Eine jüngst erschienene grössere Schrift mit dem Titel: »Die Kgl. württembergischen Staatseisenbahnen in historisch-statistischer Darstellung. Ein Beitrag zur Geschichte des Eisenbahnwesens von Oskar Jakob, Doktor der Staatswissenschaften« (Tübingen 1895. H. Laupp'scher Verlag. 198 S.) verdient die Beachtung weiterer Kreise. Sie ist anschaulich, lebhaft und gut geschrieben und gewährt einen trefflichen Einblick in den Gang der Entwicklung unserer vaterländischen Eisenbahnen. Der Umstand, dass dieselbe in der Gewandung einer wissenschaftlichen Arbeit[1]) auftritt, hätte erwarten lassen, dass der Verfasser sich nicht darauf beschränken würde, eine rein deskriptive Darstellung zu geben, sondern dass er seine Aufgabe zugleich von höherem volkswirtschaftlichen Standpunkte aus und im Hinblick auf die gesamte Sozialgeschichte des Landes behandeln würde. Das ist leider nicht der Fall. Die Schrift ist deshalb im wesentlichen nur ein geschickt gemachter Auszug aus dem bekannten Morlock'schen Werke[2]) und aus den seit 1880/81 alljährlich publizierten trefflichen »Verwaltungsberichten der Kgl. Verkehrsanstalten«, verbrämt mit allerlei Material, welches die »Verhandlungen der Württembergischen Kammer der Abgeordneten« und diejenigen der »Kammer der Standesherren« boten. Die Auswahl des letzteren ist meist im Hinblick auf die thatsächliche Entwicklung, weniger auf den Geist, die Motive und das sozialpolitische Wollen von Regierung und Kammer getroffen worden und weist deshalb sehr empfindliche Lücken auf. So, um

---
1) Die Schrift ist eine Tübinger Doktor-Dissertation unter Professor v. Schönberg's Leitung.
2) Morlock, G. v., Die Königlich Württembergischen Staatseisenbahnen. Rückschau auf deren Erbauung während der Jahre 1835—89. Stuttgart, 1890.

nur einen Punkt hervorzuheben, fand im Dezember 1851 eine hochinteressante Verhandlung[1]) statt, ob die T a r i f e vor die Kammer gehören oder nicht. Der Abgeordnete M o h l hatte in der Sitzung vom 19. November 1851 den Antrag gestellt:

»Die Regierung zu bitten,
1. die Eisenbahntarife zur Verabschiedung auf die laufende Finanzperiode vorzulegen und
2. einen Gesetzesentwurf vorzulegen, durch welchen die Regierung zur Verfügung von Ermässigungen in den Tarifsätzen in der Zwischenzeit zwischen zwei Landtagen und für diese Zeit unter den geeigneten Bestimmungen ermächtigt würde.«

Der von der Kommission (Vorsitzender Frhr. v. V a r n - b ü l e r) gestellte Antrag auf Uebergang zur Tagesordnung wurde im Plenum mit 54 gegen 31 Stimmen angenommen. Die Verhandlung selbst ist noch heute von grossem Interesse. Sie steht in mehr als einer Hinsicht auf einem höheren geistigen Niveau als so viele Eisenbahnverhandlungen der späteren Zeit und beweist namentlich, dass man allerseits ein lebhaftes Verständnis für die enorme Tragweite der vorliegenden Frage hatte. Es kann mit Fug und Recht behauptet werden, dass damals der gesamten Eisenbahnpolitik unseres Landes der entscheidende Stempel aufgedrückt worden ist. Das Heft war der Kammer entwunden. Ob sie im Falle der Erringung des Rechtes einen besseren Gebrauch davon zu machen verstanden hätte, als die Regierung, ist freilich eine Frage, die sich nicht so ohne weiters mit »Ja« beantworten lässt. Denn wir werden bei dem nachstehenden kursorischen Ueberblick über die Geschichte unseres heimatlichen Eisenbahnbaues an der Hand der Jakob'schen Ausführungen sehen, dass jenes volkswirtschaftliche Verantwortungsgefühl, welches die Anfänge unserer Bahnpolitik in hohem Grade und so vorteilhaft vor der späteren Zeit auszeichnet, ganz wesentlich unter dem unablässigen Drängen aus der Kammer heraus Schritt für Schritt in die Brüche gegangen ist. Diese ganze eben erwähnte Episode unserer Eisenbahngeschichte wird von dem Verfasser mit Stillschweigen übergangen! Eine ganze Reihe ähnlicher Unterlassungen liesse sich leicht nachweisen. Einen Vorwurf knüpfen wir nicht hieran. Wo die öffentliche Meinung, das sozialpolitische Empfinden und nicht zum wenigsten die offizielle Wissenschaft noch so weit zurück ist, wie bei uns

---

1) S. Nr. II.

und in Deutschland überhaupt in den grundlegenden Fragen der Eisenbahnpolitik, da lässt sich von einem angehenden Jünger der Volkswirtschaft füglich nicht viel Besseres erwarten.

Ein kurzer Ueberblick über die Entwicklung unserer Eisenbahnen auf Grundlage der vorliegenden Schrift ist vielleicht nicht ohne Interesse. Ehe das erste und grundlegende württembergische Eisenbahngesetz vom 18. April 1843 verkündet werden und der erste Spatenstich geschehen konnte, galt es gar manche Schwierigkeiten zu überwinden. Die Regierung trat erst nach den sorgfältigsten Vorbereitungen an ihre Aufgabe heran und konnte im Januar 1843, nachdem auch die Arbeiten der Kommission beendet waren, der Kammer die erste Eisenbahnvorlage zugehen lassen. »In dreizehn langen Sitzungen«, sagt Jakob »vom 10. bis 23. Januar wurde die Frage der Erbauung von Eisenbahnen einer sorgfältigen, umfassenden und überaus detaillierten Prüfung unterzogen. Hier wurde wohl alles vorgebracht, was für und gegen Eisenbahnen überhaupt und mit Bezug auf württembergische Verhältnisse gesagt werden konnte.« Von den Gegnern wurde hauptsächlich der fehlende Anschluss an die Nachbarstaaten ins Treffen geführt und die Eisenbahn für den inneren Verkehr als »Luxusartikel« bezeichnet. Den Verkehrsschätzungen und Kostenvoranschlägen der Regierung begegnete man mit grossem Misstrauen. Einige besonders kluge Köpfe befürchteten durch die Heizung der Lokomotiven mit Holz eine erhebliche Steigerung der Holzpreise und damit eine weitere indirekte Besteuerung der Bürger. Den Ruin des Frachtfuhrgewerbes sah man als unvermeidlich an. Die Fatalisten in der Kammer sprachen von einem »notwendigen Uebel« u. s. w. Allein die Tugend siegte und mit 58 gegen 26 Stimmen wurde der »sofortige Bau von Eisenbahnen« beschlossen.

Es beginnt die erste Bauperiode, welche mit Einschluss der Vorbereitungen von 1842 bis 1855 dauert und die eigentliche Stammbahn des Landes von Heilbronn über Stuttgart nach Ulm bis an den Bodensee zu stande bringt. Am 22. Oktober 1845 wurde die 4 Kilometer lange Strecke Cannstatt—Untertürkheim eröffnet, der in den folgenden fünf Jahren die zwölf weiteren Teilstrecken folgen konnten. »Die sich selbst motivierende Bahnlinie« war erstellt. Die gesamte Länge unserer Eisenbahnen betrug am Ende dieser Periode 305 Kilometer. Im Jahr 1850 wurden auch die Staatsverträge mit den Nachbarstaaten Bayern und Baden über die eventuellen Anschlüsse in Ulm, beziehungsweise Bruchsal und Pforzheim geschlossen. Der Verkehr wendete sich dem neuen Transportmittel rasch zu, so dass die beiden ersten Verwaltungsjahre 1845/47, »in denen allerdings nur die rücksichtlich des Personenverkehrs frequentesten Strecken im Betrieb standen,« bereits eine Bruttoeinnahme von 11 472 und 10 609 M. per Kilometer ergaben, die seitdem nicht wieder erreicht worden ist (1893/94 ergab 7 956 M.). Mit der Eröffnung weniger frequenter Strecken fiel die Bruttoeinnahme wieder, belief sich aber doch im Jahr 1854/55, als bereits die ganze Strecke im Betrieb war, auf 7 421 M. per Kilometer, und verzinste das Anlagekapital zu 4,16 Proz. Die Personenverkehrsdichtigkeit, d. h. die Zahl der durchschnittlich per Kilometer gefahrenen Personen oder Personenkilometer betrug 1851/52, wo sie erstmals festgestellt wurde, 151 316 und ist heute (1892/93) auf 241 940, d. h. noch nicht einmal auf die doppelte Grösse gestiegen, während sich die Güterverkehrsdichtigkeit in annähernd derselben Zeit mehr als verdreifacht hat. Dieselbe betrug 1854/55 rund 90 000 und 1892/93 rund 280 000 Tonnenkilometer. Die verkehrspolitisch bedeutsamste Thatsache ist, dass die durchschnittliche Grösse der einzelnen Fahrt für die Person (damals 21,84 Kilometer) sich bis heute fast völlig gleich geblieben ist (Maximum 1861/62: 26,44, Minimum 1891/92: 20,65 Kilometer), woraus hervorgeht, welch überwiegende Bedeutung im Personentransport der Nachbarschaftsverkehr hat, während beim Gütertransport der Verkehr auf grössere Strecken im Durchschnitt überwiegt. Die letztere Durchschnittszahl schwankt zwischen 75,32 und 96,83 Kilometer.

In die zweite Bauperiode (1855—65) trat das Land unter wesentlich anderen Auspizien ein. Die öffentliche Meinung hatte, seitdem man erstmals der Frage des Eisenbahnbaues näher getreten war, wie Jakob sagt, »ihre Anschauung völlig geändert und brachte derselben nunmehr ihre wärmsten Sympathien entgegen.« Schon Fraas[1]) in seiner Schrift »Württembergs Eisenbahnen« bemerkt in Bezug auf die damalige Zeit sehr richtig: »Der Hauptgrund für diese Aenderung der öffentlichen Meinung liegt sicherlich darin, dass das Volk, abgesehen von den unmittelbaren Vorteilen des raschen und erleichterten Verkehrs, welche den Anwohnern an der Bahn in erster Linie zu gute kam, in dem neuen Verkehrsmittel eine r e i c h e unerschöpflich scheinende F i n a n z -

---

1) Fraas, O., Württemberg's Eisenbahnen mit Land und Leuten an der Bahn. Stuttgart, 1880.

quelle für das ganze Land erblicken konnte. Dabei übersah man freilich, dass die damals bestehende Hauptbahn ein Resultat jahrelanger Prüfungen und Untersuchungen der Landeskräfte war und als einzige Bahn den gesamten Verkehr mit dem Ausland in sich vereinigte. Man war nun eben zu gerne geneigt, in der Eisenbahn überhaupt den Grund dieser günstigen Verhältnisse zu suchen und sah schon in den Eisenbahnen als solchen Heilung für alle Schäden. Landauf, landab regte sich der Wunsch nach Eisenbahnen. Die Kammer ist es jetzt, welche die Initiative ergreift und der Regierung die Dringlichkeit des Bahnbaues unterbreitet.« Der so veränderten Stimmung der öffentlichen Meinung, »welche die Last der Verantwortlichkeit für die Rentabilität einer Bahn, die früheren Finanzministern so schwer auf den Schultern lag, geradezu abnahm und auf die Kammer wälzte« (Fraas), kam die Regierung anfangs zögernd entgegen. Die Länge der Staatsbahnen stieg in dieser Periode auf 555 Kilometer. Neu hinzugekommen waren die Remsbahn von Cannstatt bis Nördlingen, von der Kocherbahn die Strecke Heilbronn-Hall, von der oberen Neckarbahn die Strecke Plochingen-Reutlingen-Rottenburg und wenigstens teilweise die Brenzbahn Aalen-Heidenheim. Aber auch die Kosten waren mittlerweile erheblich gestiegen. Während in der ersten Periode der Bauaufwand 180382 M. per Kilometer betragen hatte, war er jetzt auf 294957 M. hinaufgegangen, d. h. um 64 Proz. höher, eine Steigerung, »die ihren Grund einesteils in den grösseren Terrainschwierigkeiten der neuen Bauten, zumal der Kocherbahn, andernteils in der Steigerung der Boden-, Arbeits- und Materialpreise hatte.« Der Gesamtverkehr hob sich zusehends. Die Verkehrsdichtigkeit im Personenverkehr stieg zwar nur langsam und wies erhebliche Schwankungen auf, dagegen war die Güterverkehrsdichtigkeit gegenüber dem Schlusse der letzten Periode rund um das Doppelte gestiegen und betrug nunmehr über 172000 Tonnenkilometer. Trotzdem das höhere Durchschnitts-Anlagekapital die Rente tiefer drückte, stand sie doch von 1864/65 noch auf 4,3 Proz., d. h. ein wenig höher als von 1854/55 mit 4,16 Proz. Im übrigen herrschen auch hier in den einzelnen Betriebsjahren bedeutende Schwankungen. Alles in allem aber steht fest, dass diese zehnjährige Bauperiode das goldene Zeitalter unserer Staatsbahn gewesen ist und dass mit dem Abschluss derselben jene rückläufige Bewegung in den Erträgnissen beginnt, die noch heute ungeschwächt fortdauert und unsere gesamten wirtschaftlichen und staatlichen Verhältnisse aufs intensivste beeinflusst. Das Betriebsjahr 1861/62 war das finanziell günstigste überhaupt, seit wir Eisenbahnen haben; die Rente erreichte die Höhe von 6,39 Proz.

Die dritte Bauperiode (1865—73) steht, wie natürlich, in ihrem Beginn noch ganz unter dem Eindrucke dieser geradezu glänzenden Verhältnisse, und dieser Eindruck ist nachhaltig genug, um die rasche Fortentwickelung unseres Bahnnetzes sicher zu stellen. In ununterbrochenem Fortgang werden der Reihe nach die Teilstrecken Heilbronn-Jagstfeld, Mühlen-Rottweil, Hall-Crailsheim-Goldshöfe, Pforzheim-Wildbad fertig gestellt und eine ganze Reihe grösserer Linien in Angriff genommen: Jagstfeld-Osterburken, Crailsheim-Mergentheim, Rottweil-Immendingen, Stuttgart-Calw-Nagold, Ulm-Sigmaringen, Leutkirch-Mengen und Tübingen-Hechingen-Sigmaringen. Alle diese Bahnen sind in dem Eisenbahngesetz vom 28. April 1865 teils vorgeschlagen, teils in Aussicht genommen. In ihnen verwirklicht sich zugleich das Eisenbahnprogramm des Ministeriums v. Varnbüler. »Die Regierungsvorlage«, sagt Jakob, »die den Wünschen des Landes in so ausgiebigem Masse entgegen kam, wurde im ganzen Lande mit grossem Jubel aufgenommen.« Es war eine Art Taumel, der Regierung, Kammer und Volk ergriffen hatte. Die schlimme Folge dieses Enthusiasmus war nicht der Bau dieser Linien an sich, die wenigstens grösstenteils früher oder später doch kommen m u s s t e n, sondern die traurige Thatsache, dass sich das wirtschaftliche Verantwortungsgefühl gegenüber dem Bau von Eisenbahnen in der öffentlichen Meinung immer mehr abschwächte und dass der Gedanke zweckmässiger Reformen bezüglich der Ausnützung der schon bestehenden Bahnen gar nicht Wurzel fassen konnte. Man lebte komplet in den Tag hinein. An diesem Zustand vermochten einige Redewendungen, welche ab und zu in Form väterlicher Warnungen vom Ministertische aus fielen, natürlich nichts zu ändern. So ist z. B. folgende Auslassung des Herrn v. Varnbüler, mit der er seinen Bauentwurf für die Finanzperiode 1871/73 einbrachte, typisch und seitdem des öfteren auch aus anderem Munde wiederholt worden: »Wie im Jahre 1865, so betrachte ich heute die Hebung des Verkehrs durch Eisenbahn, Post und Telegraph als die Quelle erhöhten geistigen und materiellen Wohlseins und glaube ich daher, dass an die Entwicklung dieser Anstalten, speziell der Eisenbahn, nicht allein oder vorzugsweise der

Massstab der Ertragsfähigkeit gelegt werden darf.« Gleichwohl liess er angesichts der gesunkenen Rente dem finanziellen Moment jetzt eine grössere Beachtung zukommen und hielt es in seiner Stellung für seine Pflicht, die Volksvertreter w i e d e r h o l t daran zu erinnern, »dass die Ausdehnung des Eisenbahnbaues wenigstens für die nächste Zeit gleichbedeutend ist mit einer Verminderung der Ertragsrente der Eisenbahnen und dass dieser Verminderung eine entsprechende Steigerung der Ansprüche an die Steuerkraft des Landes gegenübersteht. Mag man auch das überwiegende Gewicht auf die volkswirtschaftliche und zivilisatorische Bedeutung der Eisenbahn legen, immerhin wird es eine Pflicht sein, diejenigen Rücksichten auf deren finanzielle Seite zu nehmen, welche vereinbar sind mit einem massvollen Fortschreiten des Eisenbahnbaues.« Dieses weise Masshalten findet seinen entsprechenden Ausdruck in der Thatsache, dass in dieser dritten achtjährigen Bauperiode mehr Eisenbahnen gebaut worden sind, als in den vorhergehenden 22 Jahren. Die gesamte Bahnlänge von 555 Kilometer Ende 1865 hatte Ende 1873 genau 1124,02 Kilometer erreicht. Die Verkehrsdichtigkeiten im Personen- und Gütertransport bieten keine wesentlichen Abweichungen im Ganzen, dagegen beginnt die Rente jetzt erheblich zu sinken. Die bezüglichen Ziffern für die dritte Bauperiode sind interessant genug, um ausdrücklich hervorgehoben zu werden. Die Rente betrug:

1864/65 : 4,3 Proz.
1865/66 : 5,04 »
1866/67 : 4,76 »
1867/68 : 5,21 »
1868/69 : 3,81 »
1869/70 : 3,25 »
1870/71 : 3,11 »
1871/72 : 3,75 »
1872/73 : 3,90 »

Während des Kriegsjahres erlitt der Bahnbau keine Unterbrechung; die wirtschaftlichen Wirkungen lassen sich dennoch erkennen, wie auch das Wiederansteigen der Rente nach dem Kriege dem damaligen allgemeinen Aufschwung des Geschäftslebens zuzuschreiben ist.

Im Beginn der v i e r t e n B a u p e r i o d e (1873—87) machte sich das Streben einer Reaktion gegen die vorherrschende Betonung der Fürsorge für den Lokalverkehr geltend, eine Parole, unter der zum überwiegenden Teile die in der dritten Periode gebauten Bahnen entstanden waren. Es war sichtlich eine Art Reflex des »nationalen Aufschwungs« nach dem grossen Kriege, der die Anschauungen über das Eisenbahnwesen mehr in der Richtung der grossen Linien, des Transitverkehrs, der Abkürzungen u. s. w. beeinflusste. Es gab Leute, sogar in der Kammer, die am liebsten eine Bahn in den Mond gebaut hätten. Die Gesetzesvorlage, »welche die Politik der sogen. Abkürzungslinien inaugurierte«, war am 16. März 1872 von dem neuen Verkehrsminister v. Wächter eingebracht und in einer Weise motiviert worden, die denn doch bei einigen einsichtigen Männern gerechtes Erstaunen und Widerspruch hervorrief. Es war namentlich Kanzler v. Rümelin, welcher als Vertreter der Minorität, die den ganzen Entwurf ablehnen wollte, einige noch heute sehr beherzigenswerte Worte sprach: Man habe sich in Württemberg daran gewöhnt, die Eisenbahnen gar nicht mehr vom finanziellen Standpunkte, sondern bloss noch vom sogen. volkswirtschaftlichen aufzufassen; man habe aber dabei zu grosse Hoffnungen auf ihre Wirksamkeit gesetzt und eine undenkbare Steigerung des Verkehrs erwartet. Wohl geht der Verkehr strahlenförmig von grossen Plätzen aus, aber diese seien in Württemberg gezählt und auf den Zwischenstationen bewege sich nur ein minimaler Verkehr; ein Dorf in Württemberg alimentiere die Eisenbahn nicht in dem Masse, wie ein einzelnes grosses Gut in Norddeutschland, weil der Bauer mindestens die Hälfte seiner Produkte selbst konsumiere, einen weiteren grossen Teil die Nicht-Grundeigentümer des Ortes verzehren und so nur ein kleiner Teil nach auswärts abgesetzt werde. Unter solchen Umständen und angesichts der augenblicklichen nicht sehr günstigen Finanzlage, bei dem geringen Erträgnis der gebauten Bahnen solle man sich für den Weiterbau vorerst Beschränkung auferlegen. Nichtsdestoweniger wurde das Gesetz in seinen wesentlichen Teilen mit 79 gegen 8 Stimmen angenommen. In dieser vierten Bauperiode wurde die Murr- und Gäubahn erstellt. Ein Staatsvertrag mit Baden von 1873 verhandelt über den Anschluss der Kinzigbahn, den Bau der Linien Heilbronn-Neckarelz, Heilbronn-Eppingen, Tuttlingen-Sigmaringen und die Bodensee-Gürtelbahn. Kissleg-Wangen wird in Angriff genommen, Freudenstadt-Schiltach, Beihingen-Ludwigsburg gebaut.

Die fünfte Bauperiode (seit 1887) findet im grossen und ganzen, wie Jakob sagt, »das Netz der württembergischen

Hauptbahnen fertig vor.« Zwei Linien fehlen allerdings jetzt noch, die Vollendung der Bodensee-Gürtelbahn und die Abkürzungslinie von Stuttgart nach Tübingen. Ueber die geringe Aussicht der letzteren weint der Verfasser eine Thräne. Im übrigen befinden wir uns jetzt in der Periode der L o k a l b a h n e n par excellence. Mit ihnen zugleich tritt eine Bauform in Wirksamkeit, welche für unsere Eisenbahnen völlig neu ist — die S c h m a l s p u r. Das Gesetz von 1887 hat sie zum erstenmal in Württemberg für Bahnen von untergeordneter Bedeutung eingeführt. Es sind die Strecken Nagold-Altensteig, Reutlingen-Honau, Honau-Münsingen, (Waldenburg-Künzelsau) und Schiltach-Schramberg, welche nunmehr schmalspurig erbaut wurden. Von Vollbahnen wurden Bietigheim-Backnang, Beihingen-Ludwigsburg, Waiblingen-Hessenthal, die Gäu- und Kinzigbahn (Stuttgart-Freudenstadt-Schiltach), die Kraichgaubahn (Heilbronn-Eppingen-Durlach), sowie in wesentlich strategischem Interesse die Bahn durchs obere Donauthal von Sigmaringen bis Tuttlingen teils ganz gebaut teils vollendet. Während die Regierung zunächst mit einer gewissen Vorsicht an den Bau der Schmalspurbahnen herantrat und sie von dem Vorhandensein verfügbarer Mittel abhängig machen wollte, wurde dieser Grundsatz aus der Kammer heraus, insbesondere durch den Techniker v. L e i b r a n d, aufs entschiedenste bekämpft. Die wirtschaftliche Verantwortung war allmählich nicht bloss abgestumpft, sondern vollständig verloren gegangen. Die »eisenbahnlosen« Bezirke wollen nun auch ihr Recht! Eine Eisenbahnpolitik, die es fertig gebracht hatte, allmählich eine Schuld von 400 Millionen Mark auf unser Land zu legen, hat sicherlich keinen Grund, vor dem Ansinnen zurückzuschrecken, im Laufe des nächsten Jahrzehnts noch weitere 30—40 Millionen aufzunehmen, um etwa 600 Kilometer Schmalspurbahnen zu bauen. Immer weitere Bezirke sollen, wie der Kunstausdruck lautet, für den Verkehr »erschlossen« werden! Durch das schematische Anlehnen der Schmalspurbahnen an die Anlage der Vollbahnen, durch die ebenso schwerfällige und kostspielige Art ihres Betriebs, durch die fast ausschliessliche Berücksichtigung der paar Hauptplätze, in denen die Agitation für die Bahn in der Regel ihren Sitz hat, durch all dies und noch manches andere wird bewirkt, dass auch die Schmalspurbahnen, weit entfernt, gewisse Verkehrskreise zu erschliessen, sie vielmehr, genau wie die Vollbahnen, d u r c h s c h n e i d e n, d. h. ihre wirtschaftlichen Vorteile kommen einer handvoll Leute zugut und das sie umgebende Land verödet. So sind unsere Schmalspurbahnen bis zur Stunde recht eigentliche Zwitterwesen, denen die Nachteile der Vollbahnen ankleben, ohne dass sie der Vorteile der Kleinbahnen teilhaftig werden könnten. Sie werden auch allerseits mit sehr gemischten Empfindungen aufgenommen. — Durch das Eisenbahngesetz vom 15. Juni 1893 wurde die Erbauung einer Verbindungsbahn zwischen Untertürkheim und Kornwestheim zur Entlastung des Stuttgarter Bahnhofs beschlossen. — Allmählich war das Anlagekapital der Vollbahnen ins Unermessliche gestiegen. »Wenn man die Länge«, sagt Jakob, »und das Anlagekapital der bis 1872/73 gebauten Bahnen von den bezüglichen Grössen im Verwaltungsjahre 1892/93 abzieht, ergiebt sich als Anlagekapital der in diesen zwanzig Jahren gebauten 543 Kilometer Bahnen die Summe von 203 685 593 M., somit pro Kilometer ein solches von 375 098 M., während das Anlagekapital der in der dritten Bauperiode erstellten Linien, wie erwähnt, pro Kilometer 294 000 M. betragen hatte.« Die Verkehrsdichtigkeit im Personentransport ist seit 1882/83, wo sie ihren tiefsten Stand erreicht hatte, wieder langsam gestiegen und betrug 1892/93 241 940 Personen-Kilometer (1893/94 252 724); im Gütertransport machen sich erheblichere Schwankungen bemerkbar: die Zahl der Tonnen-Kilometer beträgt 1892/93 rund 280 000 und sinkt 1893/94 wieder um etwa 6000. Trotz dieser Steigerung des Verkehrs im ganzen ist der Reinertrag immer mehr zurückgegangen, da die Betriebsausgaben immer mehr gestiegen sind. Das Fazit dieser letzten Bauperiode zieht der Verfasser in folgenden Worten: »Die Rente musste noch weiter herabgehen, da das Durchschnittsanlagekapital durch den Zuwachs der neuen teuren Linien noch höher geworden war. Den grössten Vorteil von diesen hatte die Hauptstadt Stuttgart, auf welche sie zuliefen; im übrigen hatten dieselben nur einen mässigen eigenen Verkehr zu bedienen. Für den direkten und Durchgangsverkehr wurden sie zu Konkurrenzbahnen für die bestehenden Linien, deren Ertragnis sich in dem Masse verringern musste, als sich der Transitverkehr von den alten Linien ab- und den neuen zuwandte. Mit der Abkürzung der Wege durch die letzteren war auch eine Verringerung der Frachteinnahmen gegeben. Auch war von den neuen Linien eine erhebliche Steigerung des Transits nicht zu erwarten, da die Abkürzungen, welche sie schufen, im Verhältnis zu den für den Transitverkehr in betracht kommenden Weglängen von einschneidender Wirkung nicht sein konnten. Dem süd-nördlichen Transitverkehr selbst, der es nicht mit voluminösen Exportartikeln zu thun hat und sich strahlenförmig nach allen Richtungen verteilt, hatte man eine zu grosse Bedeutung beigelegt; so war denn auch eine solche Steigerung des Verkehrs und Vermehrung der Einnahmen aus dem Transit, wie sie die Verteidiger der neuen Linien vorhergesagt hatten, nicht eingetreten.«

Der Gang der Rente in den zwei letzten Bauperioden ist folgender:

1873/74 : 3,33 Proz.	1884/85 : 2,98 Proz.
1874/75 : 3,52 »	1885/86 : 3,01 »
1875/76 : 3,48 »	1886/87 : 3,16 »
1876/77 : 3,48 »	1887/88 : 3,31 »
1877/78 : 3,46 »	1888/89 : 3,51 »
1878/79 : 3,31 »	1889/90 : 3,36 »
1879/80 : 3,09 »	1890/91 : 2,76 »
1880/81 : 2,54 »	1891/92 : 2,41 »
1881/82 : 2,86 »	1892/93 : 2,63 »
1882/83 : 2,79 »	1893/94 : 2,96 »
1883/84 : 3,07 »	1894/95 : 2,83 »

Der zweite Hauptteil der Schrift berichtet über den »Stand der württembergischen Staatseisenbahnen nach dem neuesten Verwaltungsbericht 1892/93«. Es ist schwer verständlich, warum der Verfasser nicht das Erscheinen des Berichtes pro 1893/94 abwartete — er kam während des Drucks seiner Arbeit heraus — ehe er diesen Teil vollendete. Daran schliesst sich eine »Vergleichung unserer Eisenbahn mit den anderen deutschen Staatsbahnen«, die nach jeder Richtung sehr zu unseren Ungunsten ausfällt. Auf sie folgt eine interessante Detailstudie »über die Rentabilität der einzelnen Linien unseres Bahnnetzes« mit Zugrundelegung der »Strecken- und Richtungsstatistik für 1888/89 im Verwaltungsbericht 1889/90«.

Leider schliesst der Verfasser seine Arbeit mit jenen so oft gehörten Gemeinplätzen über die »segensreichen Wirkungen, welche die Eisenbahnen allenthalben ausüben«. Er meint sogar, diese Wirkungen »wiegen die seit einer Reihe von Jahren zur Tilgung der Zinsen der Bauschuld nötigen Zuschüsse auf durch Erhöhung der Produktionskraft des Landes, zum Blühen und Gedeihen des Württemberger Volkes, zum Wohl von Land und Leuten«. In unserem Neckarkreise, wo fast 60 Proz. der Bevölkerung der

Eisenbahn angegliedert sind, ist die Bodenverschuldung im Laufe der letzten 20 Jahre um über 40 Proz. gestiegen! Die Grund- und Bodenrente in den grossen Städten, speziell in Stuttgart erreicht nachgerade eine beängstigende Höhe. Die Machtstellung des Grosskapitals wird immer unheimlicher, der Mittelstand gerät in eine mehr und mehr prekäre Lage und die Proletarisierung der Arbeiter geht mit Riesenschritten vorwärts. Alle diese Erscheinungen hängen aufs allerinnigste mit unseren Eisenbahnen und ihrer Politik zusammen. Unsere Akademiker nennen das: »Erhöhung der Produktionskraft«. Daneben legen sie sich die Frage, ob von der Eisenbahn, diesem gewaltigsten Träger der wirtschaftlichen Zirkulation, nicht ein besserer und verständigerer Gebrauch gemacht werden könnte, als bisher, nicht einmal vor! Dieselbe in den Dienst der sozialen Reform zu stellen, kommt ihnen nicht in den Sinn.

Trotz dieses Mangels an kritischem Sinn und an tieferem volkswirtschaftlichen Verständnis ist die Schrift von Jakob sehr nützlich und empfehlenswert. Sie orientiert rasch über das ganze Gebiet unseres Eisenbahnwesens und giebt dem, der tiefer in das Verständnis desselben eindringen will, wertvolle Fingerzeige.

II. Der Eisenbahntarif vor der Kammer.

Eine historische Reminiszenz.

Unsere Eisenbahnpolitik ist nicht von ungefähr geworden. Da sie bereits eine fünfzigjährige Geschichte hinter sich hat, so dürfte der Zeitpunkt gekommen sein, um den Spuren ihrer parlamentarischen Entwicklung nachzugehen. Eine zusammenhängende historische Darstellung ihrer leitenden Gedanken gehört nicht hieher. Wir werden uns darauf beschränken, einzelne Episoden dieser Entwicklung aufzudecken und hiebei besonders solchen Punkten Beachtung schenken, denen ein aktuelles Interesse zukommt.

Wie bekannt, haben Volkspartei und Zentrum die Forderung einer gesetzlichen Feststellung der Eisenbahntarife in ihre Programme aufgenommen, ohne hiefür von seiten der Regierung Entgegenkommen zu finden. Da ist es doch wohl angezeigt, daran zu erinnern, dass diese Forde-

rung schon früher mit allem Nachdruck erhoben worden ist. In der Landtagssitzung vom 19. November 1851 hatte der Abgeordnete von Aalen, M o r i t z M o h l, folgenden Antrag gestellt:
»Die Regierung zu bitten,
1. die Eisenbahntarife zur Verabschiedung auf die laufende Finanzperiode vorzulegen, und
2. einen Gesetzentwurf vorzulegen, durch welchen die Regierung zur Verfügung von Ermässigungen in den Tarifsätzen in der Zwischenzeit zwischen zwei Landtagen und für diese Zeit unter den geeigneten Bestimmungen ermächtigt würde.«

Schon in der Sitzung vom 28. November kam der Gegenstand wieder zur Sprache, indem Mohl bei Beratung des Gesetzes betr. »die Verwendung von Grundstocksmitteln zu den Eisenbahnen« beantragte, dem zweiten Artikel dieses Gesetzes folgende Fassung zu geben:

»Die Tarife für den Verkehr jeder Art auf den Eisenbahnen bilden einen Gegenstand der Gesetzgebung und der ständischen Verwilligung auf jede Etatsperiode.«

Dieser Antrag wurde von der Kammer in namentlicher Abstimmung mit 44 gegen 41 Stimmen verworfen. Der Antrag vom 19. November 1851 war einstimmig zur Berichterstattung an die staatsrechtliche Kommission verwiesen worden. Der Bericht über denselben gelangte am 19. Dezember vor das Plenum der Kammer. Die Majorität der Kommission, bestehend aus den Herren N e s t l e, W e b e r, W i e s t von Ehingen, v. V a r n b ü l e r (Minorität v. M e h r i n g, R e y s c h e r, W i e s t von Saulgau) glaubte, dass die Verabschiedung der Eisenbahntarife von den Ständen nicht in Anspruch genommen werden könne und beantragte: »Die hohe Kammer wolle über die Anträge des Herrn Abgeordneten von Aalen zur Tagesordnung übergehen.« Dieser Antrag auf T a g e s o r d n u n g wurde mit 54 gegen 31 Stimmen angenommen.

Die Vergleichung der Abstimmungsziffern für beide Anträge zeigt, dass sich 10 Abgeordnete in der allerdings ausreichenden Zeit von vier Wochen »eines Besseren« besonnen hatten. Mit alleiniger Ausnahme des Prälaten v. M e h r i n g stimmten sämtliche Privilegierten g e g e n die Mohl'schen Anträge.

Der B e r i c h t der Kommission (Berichterstatter der Majorität v. V a r n b ü l e r) und die sich anschliessende D e b a t t e sind interessant genug, um noch heute volle Aufmerksamkeit beanspruchen zu können.

Die leitenden Gedanken des Berichtes sind folgende: Die Frage, ob die Festsetzung des Tarifs für die Eisenbahnen Sache der Gesetzgebung oder der Verwaltung sei, falle zusammen mit der Frage, ob das Entgelt für die Benützung der Bahn als »Leistung einer Steuer, einer Staatsabgabe«, oder als »Zahlung für einen geleisteten Dienst im zivilrechtlichen Sinne« zu betrachten sei. Der Artikel 6 des grundlegenden Eisenbahngesetzes vom 18. April 1843 mache die Privatbahnen von der Konzession der Regierung abhängig, und diese Konzession werde an Bedingungen geknüpft, »welche erforderlich sind, um das Aufsichtsrecht des Staates über den Bau, den Betrieb und die Verwaltung der Bahn genügend sicher zu stellen«. In dieser Befugnis liege schon dem Wortlaute nach das Recht, den Tarif zu genehmigen. Da also das Recht der Konzessionierung von Privateisenbahnen ein Recht der Regierung und nicht der ständischen Verabschiedung sei und implicite die Feststellung des Tarifs enthalte, so sei doch unzweifelhaft, dass die letztere auch für die Staatsbahnen volle Geltung habe. Aber nicht bloss das Recht, sondern auch »die Natur der Sache« spreche für diese Auffassuug. Die Eisenbahn sei, wie in den Händen des Privaten so in den Händen des Staates, »ein gewerbliches Unternehmen, dessen Nichtbenützung jedermann freistehe«. Sie bilde ein »Staatsgut«, und zu den Rechten der Verwaltung gehöre selbstverständlich das Recht, für die Leistungen aus diesem Staatsgut denjenigen Preis festzusetzen, welcher den Umständen entspreche. Das Entgelt für die Benützung der Eisenbahnen wäre nur dann einer Steuer gleich zu erachten, wenn für die Leistungen der Eisenbahn eine den Wert übersteigende Gegenleistung gefordert würde, was aber bei den bestehenden Tarifsätzen keineswegs zutreffe. Aus diesen schon »rein rechtlichen Gründen« sei der Uebergang zur Tagesordnung gerechtfertigt.

Um die Bedeutung der ganzen Frage »in ein weiteres Licht zu stellen«, glaubt der Bericht »noch einige Erwägungen anknüpfen zu dürfen«. Auch wenn die Feststellung des Eisenbahntarifs nicht Gegenstand der Gesetzgebung sei, werde der Einfluss der Stände auf denselben keineswegs ausgeschlossen. Da der Ertrag der Eisenbahnen auf den Etat und den Betrag der Deckungsmittel rückwirke, so haben die Stände das Recht und die Pflicht, deren Verwilligung an einen Nachweis ihrer Notwendigkeit zu knüpfen. Kurz, es sei Gelegenheit genug für sie, ihren Einfluss auf diese oder jene Weise geltend zu machen. Anderseits sei es unzweifelhaft, dass die gesetzliche Festsetzung der Tarife den Charakter einer Finanzgesetzgebung haben, d. h. je nach drei Jahren von selbst erlöschen und nach jeder Etatsperiode einer speziellen Verabschiedung unterworfen werden müsste. Damit wären die Eisenbahntarife allen möglichen Schwankungen und Eventualitäten ausgesetzt, die sich mit Notwendigkeit aus den Beratungen einer im wesentlichen politischen und technisch nicht ganz kompetenten Versammlung ergeben. Die Gefahr, dass sich örtliche und spezielle Interessen überwiegende Geltung verschaffen, sei naheliegend. Die für jede gedeihliche wirtschaftliche Entwicklung notwendige Stetigkeit werde gefährdet. Auch könne die öffentliche Erörterung bei den sich wiederholenden Detailberatungen anderen konkurrierenden Bahnen gegenüber empfindliche Nachteile nach sich ziehen. Einen Teil dieser Uebelstände empfinde der sachkundige Abgeordnete von Aalen ja selbst und habe dieselben deshalb durch den zweiten Teil seines Antrags zu mildern gesucht. Es wäre aber immerhin ein höchst bedenklicher Grundsatz und ein innerer Widerspruch, wenn man einerseits ausspräche, dass die Tarifsätze der Verabschiedung unterliegen, zugleich aber die Regierung ermächtigen wollte, von dieser Verabschiedung nach ihrem Ermessen wieder abzuweichen. Kurz, der Antrag liege, ganz abgesehen von seiner staatsrechtlichen Beurteilung, nicht im wahren Interesse des Landes.

Dies ist der wesentliche Inhalt des Berichts. Noch interessanter gestaltete sich die Debatte.

Zuerst ergriff R e y s c h e r als Berichterstatter der Kommissionsminorität das Wort und führte etwa folgendes aus: Man scheine von konservativem Standpunkt aus den Eisenbahntarif deshalb nicht für die Gesetzgebung reklamieren zu wollen, weil sonst die Volksvertretung sich eine Macht vindizieren könnte, die nur der Verwaltung einzuräumen sei. Zuzugeben sei ja, dass die Kammer den Tarif nicht durchgängig behandeln könne, schon deshalb nicht, weil sie nicht jederzeit anwesend sei. Es müsse also, wie beim Zolltarif geschehen, der Regierung »gewissermassen freie Hand gelassen« werden. Auch sei in Betracht zu ziehen, dass in absehbarer Zeit mit anderen deutschen Ländern g e m e i n s a m e Tarife vereinbart würden; aber das sei beim Zolltarif ebenso, wo Tarifsätze auf Verträgen mit anderen Staaten beruhen und die Stände demnach das Recht der Kognition und Mitentscheidung haben. Dass die Detailberatung der Eisenbahntarife in der Kammer

an sich schwer durchführbar sei, entbehre jeden Grundes, wie
gerade der Zolltarif und insbesondere auch das Sportelgesetz zeige.
Auch bezüglich der Rechtsfrage komme er zu einem ganz anderen
Schlusse, wenn er gleichwohl die prinzipielle Auffassung zugebe,
dass die ganze Frage mit der Grundfrage ob »Steuer« oder ob
»Zahlung für geleisteten Dienst« zusammenfalle. Die Sporteln
selbst seien ursprünglich nichts anderes, als Gebühren oder Taxen
für geleistete Dienste. Ferner sei der Salzpreis seit einer Reihe
von Jahren Gegenstand der ständischen Verabschiedung. Die aus
der Gegenüberstellung von Privat- und Staatsbahnen gezogene
Schlussfolgerung des Berichts entbehre jeder inneren Wahrheit,
umsomehr als das Kognitionsrecht der Regierung bei den Privateisenbahnen kein Tarif-Festsetzungsrecht, sondern nur ein Recht
der Kontrolle sei. Auch sei wohl im Auge zu behalten, dass es
sich bei den Bahnen um ganz andere Objekte handle, als beim
Sportelgesetz und den Taxen. »Wenn die Stände das Recht haben,
die Hundetaxe zu bestimmen, so müssen sie doch auch das Recht
haben, ein entscheidendes Wort bei einem Tarif zu sprechen, wo-
bei es sich künftig um eine jährliche Einnahme von einer Million
handeln wird.« Im Jahre 1847 sei die Frage, ob die Stände beim
Tarif ein Wort mitzusprechen haben, im Saale aufgeworfen worden,
und der damalige Finanzminister v. Gärttner habe, allerdings nur als seine Privatansicht, der Meinung Ausdruck gegeben,
dass die Tariffrage Sache der Gesetzgebung sei[1]). Dieser Vor-
gang verdiene Beachtung. Aus allen diesen Gründen sei die

---

1) In der Sitzung der Kammer der Abgeordneten vom 10. Febr. 1847 fand zwischen dem Abgeordneten Duvernoy und dem damaligen Finanzminister v. Gärttner ein interessanter Dialog statt. Der letztere hatte erklärt, den Ständen komme
in der Eisenbahntariffrage eine »Kognition« zu. D. frug darauf, ob darunter eine
Vorlage zur Kenntnisnahme zu verstehen sei, oder ob den Ständen eine Teilnahme
an der Festsetzung des Eisenbahntarifs, wenigstens was die äussersten Grenzen für
die einzelnen Positionen betreffe, eingeräumt werden wolle; denn — sagte D. —
»das gebe ich zu, dass die Verhältnisse der Finanzverwaltung es gebieten können,
im Interesse des Ganzen innerhalb jener Schranken, auch wenn die Stände nicht
versammelt sind, an dem Tarif Aenderungen eintreten zu lassen«. Hierauf ant-
wortete Finanzminister v. G.: »Erlauben Sie mir, dass ich den Sinn dieses Wortes
heute nicht näher definiere, da es sich nur um eine individuelle Ansicht handeln
würde; denn, um im Namen der Regierung eine Erklärung abgeben zu können,
müsste eine Beratung von ihrer Seite stattgefunden haben. Meine individuelle Ansicht ist aber die, dass es das Interesse des Landes motiviert,
dass die Regierung sich mit den Ständen über den Tarif ver-
ständigt.«

Minorität der Kommission der Ansicht, es sei dem Antrag des Abgeordneten Mohl zuzustimmen.

Der Abgeordnete H o c h s t e t t e r meinte hierauf, die Hauptfrage sei, ob dem Anspruch der Regierung gegenüber die Forderung auf Verabschiedung des Eisenbahntarifs »verfassungsmässig begründet« sei. Das sei aber entschieden n i c h t der Fall. Auch die von den Zöllen, dem Salz und den Sporteln hergenommenen Analogien treffen nicht zu. Im übrigen teile er alle im Bericht der Kommissionsmajorität erhobenen Bedenken.

Nun ergriff der Antragsteller M o h l selber das Wort und führte aus: Die Frage sei nicht nur finanziell und volkswirtschaftlich, sondern namentlich auch von verfassungsmässigem Standpunkte aus von der allergrössten Wichtigkeit. Die Eisenbahnen haben schon jetzt eine Einnahme von 800 000 fl., die sich mit der Vollendung der angefangenen Linie auf 1—1$^{1}/_{2}$ Millionen erhöhen werde. »Es handelt sich also darum, ob den Ständen das Kognitionsrecht, das Gesetzgebungsrecht und das periodische Verwaltungsrecht entzogen werden soll, d. h. ob unserer Volksrepräsentation in dieser Hinsicht Rechte abgesprochen werden sollen, welche die Volksvertretung in anderen Staaten unzweifelhaft hat und ausübt.« Der Kommissionsbericht spreche zwei verschiedene Rechtsansichten aus, die sich diametral widersprechen. Auf der einen Seite behaupte er, es handle sich beim Tarif nicht um eine Steuergesetzgebungsfrage, sondern um eine Zahlung für einen geleisteten Dienst im zivilrechtlichen Sinne, auf der anderen Seite gebe der Bericht aber selbst zu, dass der Einfluss der Stände »keineswegs ausgeschlossen« sei, da der Ertrag der Bahnen auf den Etat und den Betrag der Deckungsmittel rückwirke, deren Verwilligung an einen Nachweis ihrer Notwendigkeit gebunden sei. Wenn die letztere Ansicht richtig sei, so sei die erstere notwendig falsch. Nachdem Mohl diesen Widerspruch des Näheren dargelegt, fährt er wörtlich fort: »Meine Herren! Die Dinge in der Welt sind selten oder doch nicht immer so beschaffen, dass sie sich unter den einen oder den andern von zwei gegebenen Begriffen haarscharf unterordnen lassen. Man kann zugeben, dass der Eisenbahntarif nicht ein reiner Steuertarif ist, aber noch weniger ist er ein zivilrechtlicher Gegenstand. Die Eisenbahnen sind von dem Lande gebaut worden, um für den öffentlichen Verkehr zu dienen. Hier ist nicht von einem zivilrechtlichen Gegenstand, sondern von einem Bedürfnis der Völker die Rede, welches das Volk durch Mittel, die seine Vertreter bewilligt haben, im öffentlichen Interesse geschaffen hat. Es ist ein Gegenstand vielmehr des öffentlichen Rechts, als des Privatrechts; ja es ist, von diesem Gesichtspunkt aus betrachtet, meines Erachtens gar kein Gegenstand des Privatrechts, sondern gehört allein dem öffentlichen Rechte an. Es liegt in der Natur der Sache, dass, wenn das Volk durch seine Vertreter mit der Regierung, die übrigens nur eine andere Art von Repräsentation des Volkes ist oder sein soll, für öffentliche Zwecke ein Verbindungsmittel schafft, dieses Verbindungsmittel nicht etwa als Privateigentum der Regierung betrachtet werden kann, womit sie auf Kosten des Volkes schalten und walten dürfte, wie sie will. Es liegt ferner in der Natur der Sache, dass die Stände über die Anwendung dieses Verkehrsmittels und über die Bedingungen, unter denen es zu benützen ist, im Gesetzgebungswege, und, sofern es sich um Gebühren und Abgaben darauf handelt, im Wege der Abgabenbewilligung zu entscheiden haben.« Mohl weist dann ferner nach, dass diese Anschauungen schon im Postlehensvertrag vom 9. Sept. 1819, d. h. vor dem Bestehen der Verfassung überhaupt zum Ausdruck kommen und ebenso in parlamentarisch regierten Ländern, wie England und Frankreich Geltung haben.

Was er dann weiter hieran anschliesst, ist noch heute höchst beachtenswert. Wir führen deshalb wieder Mohls eigene Worte an: »Leider hat in jenen Ländern die Gesetzgebung den Fehler gemacht, dass sie Privatunternehmungen für öffentliche Verbindungswege konzessioniert hat, dass sie die Tarife derselben zum Teil ein- für allemal genehmigt und es dadurch aus der Hand gegeben hat, dieselben wieder zu vermindern. Aber, meine Herren, es ist ja die Achse, um welche sich der ganze Kampf in der Welt über die Frage von dem Staats- oder Privatbau solcher öffentlichen Verkehrsanstalten dreht, dass diejenigen, welche für Staatsanstalten sind, und die Gesetzgebungen, welche dafür waren, gesagt haben: wir wollen die Sache von Staatswegen machen, damit der Staat, die Gesetzgebung, die Vertreter des Volkes es in der Hand haben, im Interesse des Volkes, d. h. des Verkehrs zu handeln, in diesem Interesse die Fahrgelder und Frachten zu ermässigen. Es ist ein Uebersehen, meine Herren, dass nicht von Anfang an, dass nicht schon im Gesetze von 1843 hierüber eine Bestimmung getroffen worden ist; es ist eine Lücke und auf diese Lücke ist die ganze Argumentation des Herrn Berichterstatters basiert. Es ist ferner ein grosses Uebersehen, dass die Stände im Gesetze vom Jahre 1843, wo über die Möglichkeit von Privatbahnen etwas bestimmt wurde, nur für den Fall, wenn zu einer solchen Unternehmung ein Staatsbeitrag gegeben werde, die ständische Genehmigung vorbehalten haben, nicht aber auch für den Fall, wenn ein solcher Beitrag nicht gegeben wird. Es ist übrigens im Gesetz von 1843 nichts gesagt von dem Tarif; es ist nichts gesagt davon, dass die Regierung die Tarife bei den Privatbahnen bestimmen dürfe, und ich glaube, es war nicht nötig, etwas darüber zu sagen, weil die Verfassung darüber das ständische Gesetzgebungsrecht aufs entschiedenste wahrt. Denn, meine Herren, der Charakter eines solchen öffentlichen Verbindungsweges ist der des M o n o p o l. Der Herr Berichterstatter hat recht wohl gefühlt, dass hier der Hauptpunkt ist, an dem seine Rechtsargumentation scheitern musste. Deshalb hat er auch im Bericht die auffallende Behauptung niedergelegt, es stehe jedem frei, die Eisenbahn n i c h t zu benützen; sie sei ein gewerbliches Unternehmen, wie jedes andere. Meine Herren! Wenn ein so geistreicher Mann sich auf so schwache Gründe stützen muss, so beweist dies nach meiner Ansicht, dass seine Sache keine haltbare ist. Nein, meine Herren! Es steht nicht im freien Willen des Kaufmanns, des Reisenden, des Landwirts, ob er die Eisenbahn benützen will oder nicht, sondern das Publikum ist gebunden an dieses Verkehrsmittel; es ist gebunden, nicht bloss, weil andere Verkehrsmittel nicht mehr daneben bestehen können, sondern weil die Verkehrsverhältnisse, weil das Bedürfnis der Beschleunigung des Transports, weil das Bedürfnis der Schnelligkeit im Reisen u. s. w. den einzelnen nötigen, sich für seine Person und für seine Waren dieses Mittels zu bedienen. Denn würde unsere Landwirtschaft, würde unser Gewerbe und unser Handelstand sich der Eisenbahnen nicht bedienen, so würden sie nicht konkurrieren können mit den gleichen Volkswirtschaftszweigen anderer Länder, welche sich dieses Mittels bedienen und ebenso könnte bei uns der einzelne mit seinen Nebenbuhlern nicht konkurrieren, welche sich der Eisenbahn bedienen.«

Des Weiteren spricht sich M o h l dahin aus, dass dieser Charakter eines thatsächlichen Monopol für die Eisenbahn die Folge habe, dass der Paragraph der Verfassungsurkunde auf sie Anwendung finde, welcher besagt: »Ausschliessliche Handels- und Gewerbeprivilegien können nur zu Folge eines Gesetzes oder mit besonderer für den einzelnen Fall gültiger Beistimmung der Stände erteilt werden.« Demgemäss seien nicht nur die Errichtung, sondern auch die Bedingungen der Ausübung des Monopol, also namentlich das, was der Monopolist vom Publikum fordern dürfe, vom Gesetzgeber abhängig. Der Bericht sei auch darin in einem grossen Irrtum befangen, dass er Nachteile von der Bestimmung der Tarife durch die Gesetzgebung befürchte. Die bezüglichen Verhandlungen der Tarife im Zollwesen haben vielmehr in allen Ländern das strikte Gegenteil bewiesen, indem die Zollfragen in allen Parlamenten der Welt bekanntlich jeweils zu den gründlichsten Untersuchungen des gesamten wirtschaftlichen Lebens des Volkes Veranlassung gegeben haben. Die der Regierung gewährte Erlaubnis in der Zwischenzeit zwischen zwei Landtagen event. eigenmächtige Tarifermässigungen einzuführen, habe durchaus nichts Widersprechendes an sich und finde ihr Analogon bei den Zolltarifen, und zwar in gleicher Weise für Einfuhr-, Durchgangs- und Ausfuhrzölle. »Ich bitte Sie,« schliesst Mohl seine Rede, »Ihrer Stellung als Vertreter des Volkes in dieser Sache sich bewusst zu sein und das wichtige Recht, für die Lebensinteressen des Volkes in dieser Beziehung zu sorgen, nicht aufzuopfern, die Verfügung über diese Volksinteressen nicht dem einseitigen Ermessen der Regierung anheimzugeben.«

Mit dem bisher Mitgeteilten sind die wesentlichsten Gesichtspunkte erschöpft, die zur Geltung kamen. Es dürfte deshalb genügen, den weiteren Gang der Debatte noch kurz zu skizzieren. Für den Antrag Mohl sprachen noch mit Wärme Wiest von Saulgau, Pfeifer, dann Reyscher, der die Frage noch einmal vom staatsrechtlichen Gesichtspunkte aus beleuchtete, und namentlich Goppelt. Der letztere liess sich in gründlicher Weise über den eigentümlichen Monopol-Charakter der Eisenbahn aus. Den in den gegnerischen Reden stets wiederkehrenden Refrain von der ungenügenden Sachkenntnis der Abgeordneten wies er mit folgenden trefflichen Worten zurück: »Ich muss hier doch bemerken, dass die (beim Tarifwesen) zu berücksichtigenden Thatsachen Thatsachen des Verkehrs sind, welche weder die theoretische Bildung der mit der Verwaltung der Eisenbahn beauftragten Staatsbeamten noch ihre praktische Erfahrung in der Verwaltung dieser Anstalt selbst an die Hand geben, sondern welche dem Verkehrsleben zu entnehmen sind, für dessen Kenntnis sich auch in einer Ständeversammlung die geeigneten Kräfte wohl finden würden.« Gegen den Antrag Mohl sprachen v. Gerber, Seybold, Platz, Wiest von Ehingen, v. Hornstein, v. Varnbüler und Staatsrat v. Knapp. Mit letzterem kam der starre Bureaukratismus, der sich seiner Selbstherrlichkeit freut und weder nach rechts noch nach links sieht, zum Wort. Wenn v. Knapp schloss: »Viele Köche versalzen den Brei,« so ist das nur eine andere Formulierung des Grundgedankens seiner Rede: »Das verstehen bloss wir.« Während v. Varnbüler seinen eigenen Bericht paraphrasiert, ergeht sich v. Gerber in formell juristischen Haarspaltereien. In den Reden der Abgeordneten Seybold, Wiest von Ehingen, v. Hornstein und Platz kam dann jenes unbedingte Vertrauen in die Vernünftigkeit des Status quo zum Wort, das auch in den parlamentarischen Körperschaften der Gegenwart noch eine hervorragende Rolle spielt.

Der Antrag Mohl wurde hierauf, wie schon oben erwähnt, in namentlicher Abstimmung durch Uebergang zur Tagesordnung mit 54 gegen 31 Stimmen beseitigt.

Wir behalten uns eine kritische Würdigung vor [1]). Da das Verlangen nach ständischer Verabschiedung des Eisenbahntarifs ohne jeden Zweifel sich immer dringender im Volke geltend machen wird, so ist es nützlich und zweckmässig, die Gesichtspunkte kennen zu lernen, von denen man sich früher, sei es von links, sei es von rechts, in dieser Frage leiten liess. Damals waren bei der Neuheit des Gegenstandes Unklarheiten entschuldbar. Heute ist die Frage längst spruchreif geworden.

III. Unsere Lokalbahnen.

Die falsche Richtung unserer Eisenbahnpolitik zeigt sich in nichts deutlicher als in der Art und Weise, wie der Betrieb auf den Lokalbahnen organisiert ist. Die finanziellen Resultate der letzteren sind bekanntlich über alle Massen kläglich. Die Lokalbahnen sind das fressende Geschwür in unserer ganzen Finanzwirtschaft, insofern die letztere, woran heute kein Mensch mehr zweifeln kann, mit der Eisenbahn steht und fällt. Alles im Leben hat seinen guten Grund. Die Entwicklung des gesamten Eisenbahnwesens, nicht bloss des unsrigen, hat aus Ursachen, die nicht hierher gehören, einen eigentümlichen Gang ge-

---
1) S. Nr. XVIII.

nommen. Es waren, nach einer kurzen Periode der primären
Versuche, immer und in erster Linie die Interessen des Fernverkehrs, von dem die Impulse zur Erweiterung des Eisenbahnnetzes ausgingen, und diese Interessen beherrschen noch heute
die gesamte Eisenbahnpolitik der europäischen Staaten. Es ist
ein schwerer Vorwurf, der unserer heimatlichen Eisenbahnpolitik,
namentlich seit ihrer entscheidenden Wendung unter dem Ministerium Varnbüler in den Jahren 1864—70, gemacht werden muss,
dass sie einerseits dem fortgesetzten Drängen nach Erbauung
immer weiterer Lokalbahnen nachgab und andererseits diese Lokalbahnen doch immer nur unter dem Gesichtspunkt von blossen
Anhängseln an die grossen Verkehrslinien behandelte. In der
Fachlitteratur der damaligen Zeit, in den ständischen Verhandlungen und in den Exposés der Verwaltung taucht die Frage,
ob die Lokalbahn nicht überhaupt als ein Ding sui generis auf-
gefasst und organisiert werden müsse, nicht einmal auf. Alles wird
nach dem gleichen Systeme behandelt. Wenn man die ständischen
Verhandlungen aus der Varnbülerschen Bauperiode, z. B. über die
Bahn Zuffenhausen-Calw-Nagold-Horb liest, so sinkt
die Verantwortung der Regierung allerdings um ein Erhebliches,
weil die Unkenntnis und Unwissenheit der Kammer dem mangeln-
den Verständnisse am Regierungstische so ziemlich die Wage
hielt. Man debattierte Tage lang über das Anlagekapital und
seine mutmassliche Verzinsung — das letztere zumeist ohne jede
sachgemässe Grundlage und Berechnung — und nahm stillschwei-
gend an, dass die Frequenz der Bahn und ihre Ausnützung ein-
für alle mal feststehende Grössen seien, denen gegenüber die Art
des Betriebs, den man als gegeben annahm, kaum erwähnenswert
erschien.

Die Berechnung des Bauaufwandes für die Lokal- und
Transitbahnen hat nun ergeben, dass beiderlei Bahnanlagen
im grossen und ganzen gleich hoch zu stehen kommen. Die
kilometrischen Baukosten der Lokalbahnen stellen sich auf 288 242 M.,
die der Transitbahnen auf 293 192 M., eine Differenz, die bedeu-
tungslos ist. Um so grösser ist die Differenz hinsichtlich des
Reinertrags. Die nachstehenden dem Morlockschen[1]) Werke
entnommenen zwei Tabellen geben darüber Aufschluss:

---

[1]) Aus dem Jahre 1890. Die Verhältnisse sind sich im wesentlichen seither gleich geblieben.

Lokalbahnen.

		Anlagekapital	Rente
1.	Pforzheim-Wildbad	7 611 328 M.	0,92
2.	Herbertingen-Isny	17 009 980 »	0,97
3.	Ulm-Sigmaringen-Tübingen	46 801 266 »	0,86
4.	Zuffenhausen-Calw	27 405 754 »	0,86
5.	Ludwigsburg-Beihingen	748 427 »	0,46
6.	Kisslegg-Wangen	5 513 526 »	0,17
7.	Altshausen-Pfullendorf	4 413 187 »	0,42

Transitbahnen.

		Anlagekapital	Rente
1.	Heilbronn-Crailsheim	27 987 305 M.	3,51
2.	Cannstatt-Nördlingen	22 492 932 »	4,57
3.	Plochingen-Villingen	43 957 199 »	1,96
4.	Bietigheim-Hessenthal	24 830 135 »	1,28
5.	Waiblingen-Backnang	8 174 218 »	1,28
6.	Pforzheim-Horb	21 851 833 »	0,90

Wenn man das Gesamterträgnis unserer Eisenbahnen, die sogenannten Hauptbahnen mit inbegriffen, zusammenfasst, so ergiebt sich, dass die Lokaleisenbahnen bei einem Anlagekapital von 109 402 468 M. einen Reinertrag von 850 811 M., d. i. 0,77 Proz., die sämtlichen übrigen Bahnen bei einem Anlagekapital von 342 044 746 M. einen Reinertrag von 14 413 694 M., d. i. 4,21 Proz. abwarfen. Der Reinertrag der württembergischen Gesamteisenbahnen belief sich auf 3,16 Proz. des investierten Kapitals.

Wir sehen aus dem Vorstehenden, dass die finanziellen Ergebnisse unserer Lokalbahnen die denkbar schlechtesten sind. Sie stehen fast das Sechsfache unter dem Durchschnitt der Transitbahnen. Man sollte aber auch meinen, so schlimme Resultate werden der Regierung die Lust zur Erbauung neuer Lokalbahnen benehmen und sie anspornen, auf Mittel und Wege zu sinnen, um diese Verhältnisse zu bessern. Unsere Eisenbahnpolitik in dem letzten Jahrzehnt bis zu dieser Stunde zeigt aber, dass dies nicht der Fall ist. Man baut, wenn auch in langsamerem Tempo, nach wie vor Lokalbahnen, die als blosse Anhängsel der grossen Verkehrslinien zu einem kümmerlichen Dasein verurteilt sind und macht höchstens der öffentlichen Meinung, die nachgerade über diese Verschleuderung des Volksvermögens zu murren beginnt, die Konzession, das engagierte Kapital zu vermindern, d. h. Sekundärbahnen statt Vollbahnen zu bauen. Die Zukunft wird lehren, dass man, falls die übrigen Verhältnisse nicht von Grund aus geändert werden, damit vom Regen in die Traufe kommt. Denn erstens wird auch mit den Sekundärbahnen die Rente niemals bis zu einer vollen Verzinsung, geschweige denn bis zur Amortisierung des angelegten Kapitals steigen, und zweitens ist die Weiterentwicklung dieser Sekundärbahnen, weil die Anpassung an den Betrieb der Hauptbahnen eine ungenügende ist, schon in der Wurzel faul. Kurz, die einzigen lichten Punkte in der Entwicklung unseres Lokalbahnnetzes sind die **Eröffnungsfeierlichkeiten**, wo wunderschöne Reden über alle möglichen Dinge, über die Hebung des Verkehrs, über den volkswirtschaftlichen Segen, über wunderbare Fortschritte, über Kulturerrungenschaften u. s. w. gehalten werden, lauter Dinge, die von der Wahrheit genau so weit entfernt sind, wie die Bahnen von einem rationellen Betrieb, d. h. **himmelweit**. Die Eisenbahnschuld wird dabei immer grösser, die Rente geht immer weiter zurück und die allgemeine wirtschaftliche Lage verschlechtert sich immer mehr.

Der erste Schritt zu einer Besserung in den Verhältnissen unserer **Lokalbahnen** läge in der Erkenntnis, dass diese Bahnen nicht dazu bestimmt sind, blosse Anhängsel der Hauptbahnen zu sein, sondern dass sie **ein eigenes eminentes volkswirtschaftliches Interesse repräsentieren**. Hieraus folgt, dass die Betriebsformen, wie sie die Hauptbahnen erfordern, für die Lokalbahnen gar nicht passen, dass die bisherige Art ihrer Einfügung in den Hauptbahnbetrieb eine durchaus künstliche und unnatürliche ist, dass — in geradem Gegensatze zu der heutigen Auffassung — die Anpassung an die Hauptadern des Fernverkehrs die Nebensache, dagegen **die Hebung und Entwicklung des Nahverkehrs die Hauptsache ist**. Die Mittel, welche der Verwaltung hierfür zu Gebote stehen, sind sehr zahlreich: die Verbilligung der Tarife, womöglich mit Einheitstaxe, die Vermehrung und die passende Auswahl der Haltestellen, die richtige Wahl der Fahrzeiten, unter steter Berücksichtigung der wirtschaftlichen Verhältnisse, der Ernte, der Märkte, der Jahreszeit, selbst des Wetters, die Eröffnung eines bequemen und einfachen Gütertransports für den Nahverkehr, die Vereinfachung des Fahrkartenwesens durch eine den Briefmarken analoge Einrichtung u. s. f. Die unmittelbare Folge dieser Reformen wäre, dass ein grosser Teil des Nahverkehrs zwischen Stadt und Land, zwischen Dorf und Dorf, der sich heute neben den Bahnen her in den primitivsten Formen vollzieht und eine Unmasse Zeit und Kraft vergeudet, sich der Eisenbahn zuwenden würde. Hier liegen Millionen auf dem Boden, die die Verwaltung bloss aufzunehmen braucht, um sie zum Nutzen des Volkes wieder zu verwenden. Zur Verwirklichung dieser Reform sind natürlich gewisse V o r a u s s e t z u n g e n unerlässlich, von denen wir heute die folgenden hervorheben — die Dezentralisation des Betriebs, die Vereinfachung und Verbilligung der Betriebsmittel und die Organisation einer ständigen Vertretung der lokalen Verkehrsinteressen. Wir wollen diese d r e i Punkte noch kurz ins Auge fassen.

Die Notwendigkeit einer w e i t g e h e n d e n D e z e n t r a l isation der Verwaltung für alle den Nahverkehr betreffenden Fragen liegt, sozusagen, auf der Hand. Wir haben bei uns an tüchtigen Betriebsbeamten durchaus keinen Mangel. Das Mass der Verantwortung, das denselben obliegt, ist schon heute sehr gross; das Mass der Befugnisse, die ihnen zustehen, verhältnismässig gering. Sobald die Würdigung der Interessen des Nahverkehrs mehr in den Vordergrund tritt, wird alles bureaukratische Schematisieren von oben herunter unmöglich. Es handelt sich um ein in stetem Flusse befindliches lebendiges Erfassen dieser Interessen, wozu die Verwaltung nur dann im Stande ist, wenn ihre Vertreter eine viel selbständigere Stellung haben, als bisher. Die notwendige staatliche Oberaufsicht wird hierdurch nicht alteriert. Bei einer rationellen Organisation könnte den Oberleitungen der Lokalbetriebe fast völlig freie Hand gelassen werden.

Kaum weniger wichtig ist die V e r e i n f a c h u n g u n d V e rbilligung der Betriebsmittel, d. h. der Lokomotiven, der Personen- und Lastwagen für den Nahverkehr. Es ist ja anzuerkennen, dass schon heute auf dem grössten Teil der Lokalbahnen hinsichtlich der Ausstattung der Betriebsmittel ein gewisses Masshalten angestrebt wird, sowohl was die Leistungsfähigkeit der Maschinen als die Tragfähigkeit der Wagen betrifft. Aber noch lehnt sich alles viel zu sehr an das Schema der Hauptbahnen. Hier eröffnet sich thatsächlich ein ganz neues Versuchsfeld für die mannigfachsten Arten des Fahrbetriebs. Hier mag sich dieses, dort jenes System vorteilhaft erweisen; das eine Mal sind die Anforderungen, die an den Betrieb herantreten, verhältnismässig unbedeutend und einfach, das andere Mal umfangreich und kompliziert. Die Wahl des Motors, die Ausstattung und Grösse der Maschinen und Personenwagen, der Bau der Güterwagen u. s. w., all' das bedarf bei einem unabhängig organisierten Nahverkehr keines bureaukratischen Schemas und keiner Uniformität. Man öffne rationellen Versuchen jeder Art freie Bahn und scheue selbst einen gewissen Aufwand für blosse Probeversuche nicht. Es kann für die gesamte Entwickelung des Motorenbetriebs nur vorteilhaft sein, wenn man sich von Seiten der Verwaltung keinerlei Voreingenommenheiten hingiebt. Benzin, Gas, Heissluft, Elektrizität wetteifern zur Zeit mit einander. Man probiere, prüfe, wähle; das schadet viel weniger, als ein starres Festhalten am Hergebrachten.

Aber alle noch so zweckmässigen Reformen würden doch schliesslich in der Luft hängen, so lange der thatsächliche Untergrund jedes Fahrbetriebs, nämlich die realen Verkehrsinteressen nicht deutlich erkenn- und abwägbar sind. Deshalb ist eine s t ä n d i g e, beziehungsweise p e r i o d i s c h z u s a m m e n t r e t e n d e V e r t r e t u n g d e r l o k a l e n V e r k e h r s i n t e r e s s e n absolut notwendig. Die »lokalen Verkehrsinteressen« kennt aber niemand besser, als die Bewohner der betreffenden Lokalitäten. Es wird also zweckmässig sein, die Amtskorporationen der einzelnen Nahverkehrsbezirke aus ihrer Mitte heraus Vertreter wählen zu lassen, welche gewissermassen einen E i s e n b a h n b e i r a t i m K l e i n e n bilden würden und der Verwaltung der Lokalbahnen mit Rat und That zur Seite zu stehen hätten. Der Grosshandel und der Grossbetrieb besitzt in den Handelskammern und in den Eisenbahnbeiräten gesetzlich berufene Vertreter. Ohne ihrem Wirken zu nahe treten zu wollen, ist der Schluss doch wohl gerechtfertigt, dass dieselben ihre Aufgabe nicht darin sehen, objektive Gutachten zu erstatten, sondern die Interessen ihrer Kreise zu vertreten. Der mittlere und kleine Mann hat in diese Körperschaften keinen Zutritt, und doch ist es hohe, ja höchste Zeit, dass in der wichtigsten Lebensfrage der modernen Gesellschaft, in der R e o r g a n i s a t i o n u n s e r e r E i s e n b a h n e n endlich einmal auch die Interessen des Mittelstandes und der Arbeiterklasse zum Worte kommen.

IV. Der Landtag und die Eisenbahn.

Frühjahr 1895.

1.

Die Landtagswahlen und die Eisenbahnreform.

Alle ökonomischen Fragen sind ihrem innersten Wesen nach gegensätzlicher Natur. Das zeigt sich im einzelnen und im ganzen. Während jeder von uns in seiner Eigenschaft als Produzent seine Leistungen möglichst hoch wertet und eben deshalb hohe Preise zu erzielen sucht, liegt ihm in seiner Eigenschaft als Konsument daran, möglichst niedere Preise bezahlen zu dürfen. Wo eine Klasse oder Schichte in der Gesellschaft ihre Sonderinteressen betont — und dies geschieht in sogenannten schlechten Zeiten mit wachsendem Nachdruck — da drohen stets den anderen Klassen oder Schichten mehr oder weniger bedeutende Nachteile. In dieser wesentlich widersprechenden Natur der ökonomischen Fragen liegt die Hauptschwierigkeit ihrer Lösung. Leider ist man sich an den massgebenden Stellen dieser Lage der Dinge zumeist nicht bewusst. Die herkömmliche Weisheit begnügt sich in der Regel damit, alles im einzelnen reformieren zu wollen, statt das Ganze anzugreifen; eine Schwierigkeit nach der anderen hinwegräumen und sie nach und nach mit Mitteln lösen zu wollen, welche der gemeine Menschenverstand angiebt. Aber eben die in sich selbst und unter einander widersprechende Natur der ökonomischen Fragen bringt es mit sich, dass sie nur vermittelst eines höheren Prinzips aufgelöst werden können, welches alle Rechte achtet und schont, alle Zustände verbessert und auf alle Interessen versöhnend einwirkt. Auf diese Erwägung stützt sich die demokratische Partei, wenn sie bei den bevorstehenden Landtagswahlen der Eisenbahnreform einen so wichtigen Platz eingeräumt hat.

Es dürfte für jeden, der nur etwas in wirtschaftlichen Fragen denkt, einleuchtend sein, dass eine Reform, welche die gesamte Zirkulation von Menschen und Gütern in der Gesellschaft erleichtert, fördert und hebt, eben als jenes »höhere Prinzip« wirken muss, welches alle Rechte achtet und schont, alle Zustände verbessert und auf alle Interessen versöhnend einwirkt. Was man heutzutage soziale Reform oder Sozialpolitik überhaupt nennt, ist im wesentlichen nichts anderes als ein Wettlauf um die Gunst der Regierungen. Und diese selbst sind in der Regel schwach genug, in den verschiedenen Spenden, die sie, aus was für Gründen immer, den Bewerbern zuteilen, zugleich Reformmassregeln zu sehen, welche eine Besserung der allgemeinen Lage hervorbringen sollen. Und doch beweist der blosse Augenschein das Gegenteil: die wirtschaftliche Gesamtlage wird immer schlechter. So lange die Regierungen noch darüber nachdenken, was für Gaben sie dem Arbeiter-, dem Mittel-, dem Beamtenstande u. s. w. zuweisen können, so lange sie glauben, wie wir oben sagten, »eine Schwierigkeit nach der anderen hinwegräumen zu können«, so lange müssen unsere öffentlichen Zustände notwendigerweise immer schlechter werden. Erst dann ist die Regierung auf dem rechten Wege, wenn sie die Sonderwünsche ruhig anhört, das ihnen zu Grunde Liegende verallgemeinert und dann nach Mitteln und Wegen sucht, diesem höheren, d. h. verallgemeinerten Wunsche den entsprechenden Ausdruck zu verleihen. Erst dann kann sie es, um ein schillerndes Wort in gutem Sinne zu gebrauchen, »jedermann recht machen«.

Ein solcher verallgemeinerter Wunsch, dessen Erfüllung allen Schichten und Berufsarten unseres Volkes auf gleiche Weise zu statten käme, ist die Eisenbahnreform. Und es ist nicht mehr als billig, dass in einer Zeit, die berufen ist, binnen kurzem für das kollektive Denken unseres Volkes den richtigen Ausdruck zu finden, dieser Reform eine wichtige Stätte eingeräumt werde. Das demokratische Programm spricht sich klar und ohne Rückhalt über dieselbe aus. Wie die Demokratie darüber denkt, wissen wir. Aber es ist von grossem Werte, auch die Stellungnahme aller sonstigen Kandidaten zu derselben kennen zu lernen. Wir raten deshalb den Wählern durchs ganze Land dringend, wo immer sich eine Gelegenheit dazu bietet, die bezügliche Anfrage an den Kandidaten zu richten und von seiner Antwort Akt zu nehmen. Diese Fragestellung ist in zweifacher Hinsicht von Wert. Erstens gestattet sie in der prompten Fassung des demokratischen Programms keinerlei Ausflüchte und Zweideutigkeiten und zwingt den Bewerber zu einer klaren Antwort. Zweitens aber ist sie zugleich ein wichtiger Prüfstein für das volkswirtschaftliche Verständnis des Kandidaten. Wer die Notwendigkeit der Eisenbahnreform nicht einsieht, wer ihre leichte Durchführbarkeit und Zweckmässigkeit nicht begreift, wer noch glaubt, dass ein bureaukratisch organisierter, kostspieliger und unbequemer Verkehr, wie der heutige, einem wirtschaftlich organisierten, billigen und bequemen Verkehr vorzuziehen sei, dem sind die Elemente der Volkswirtschaft so fremd, dass er zu allem eher als zum Abgeordneten passt.

Die Eisenbahnreform ist bei der heutigen Zerfahrenheit der wirtschaftlichen Lage die einzige Frage, welche voraussichtlich Männer aus allen Lagern und Parteien für sich zu gewinnen vermag. Ihr Prinzip ist so einfach, ihre Mittel so naheliegend, ihr Ziel so klar und das Resultat der bisherigen Eisenbahnpolitik so kläglich, dass an ihrem sieghaften Durchdringen in absehbarer Zeit schon heute nicht mehr gezweifelt werden kann. Darin liegt ein Grund mehr für die Wähler, allem aufzubieten, dass ihr auch in den Bezirken, wo eine demokratische Kandidatur aussichtslos ist, wenigstens die ihrer Bedeutung angemessene Wichtigkeit zuerkannt werde. Sie hat auch ausserhalb der Volkspartei schon zahlreiche Freunde, deren Mitwirkung stets von Herzen willkommen sein wird.

2.
Die Rede des Ministers.

Wer die Eisenbahndebatten der letzten Jahre, anlässlich der Etatsberatungen noch im Gedächtnis bewahrt, wird sich des Eindrucks nicht erwehren können, dass die kleine Auseinandersetzung, welche jüngst bei der Adressdebatte stattfand, nach Form und Inhalt einen anerkennenswerten Fortschritt bezeichnet. Herr v. Mittnacht hielt es zwar für seine Pflicht, uns aufs neue zu versichern, dass er uns für eine bessere Eisenbahnrente sorgen werde, sobald wir ihm für einen Massenverkehr sorgen — woran wir, beiläufig bemerkt, noch keine Sekunde gezweifelt haben —; aber die allgemeinen Gesichtspunkte, die er entwickelte und die Art und Weise, wie er sie entwickelte, geben der Hoffnung Raum, unsere Bahnverwaltung werde nach und nach ihre bureaukratischen Allüren ablegen und in das gesunde Fahrwasser einer rationellen volkswirtschaftlichen Eisenbahnpolitik einlenken. Wir sind verständig genug, die Schwierigkeiten, die im Wege stehen, nicht zu unterschätzen. Wir meinen aber im vollen Gegensatze zum Herrn Minister, dass gerade die gegenwärtige Zeit, die er für eine »ausserordentlich wenig geeignete zu gewagten Versuchen« hält, ganz vorzüglich dazu angethan ist, die Eisenbahnreform anzuregen und zu fördern. Denn — und dies ist eben der Punkt, den wir im hübschen Exposé des Herrn Ministers gar schmerzlich vermisst haben — die schlimme Lage unserer Eisenbahnen, die ja auch dem Herrn Finanzminister bereits bange Sorgen macht, ist keineswegs bloss die Wirkung der natürlichen und wirtschaftlichen Verhältnisse, sondern auch die Ursache davon, dass die wirtschaftlichen Kräfte sich nicht so entfalten können, wie es wünschenswert wäre.

Herr v. Mittnacht weiss uns die Vorzüge, deren sich andere Eisenbahnverwaltungen, z. B. die preussische, erfreuen, ganz vortrefflich zu schildern, aber den naheliegenden Schluss, dass wir eben deshalb, weil wir dieser Vorzüge in natürlicher und wirtschaftlicher Beziehung nicht teilhaftig sind, vor allen Grund haben, unserer Eisenbahnpolitik eine andere und fruchtbarere Richtung zu geben als bisher, zieht er nicht. Ja, er kommt zum gegenteiligen Schluss, dass es die Sache der gutsituierten Verwaltungen sei, mit gutem Beispiel voranzugehen und »Versuche zu wagen«. Dieser weitverbreitete Irrtum wurzelt darin, dass man den sogenannten »Verkehr« als eine gleichartige Grösse behandelt, während es nichts Verschiedenartigeres auf der Welt giebt. Wenn also eine Verwaltung, wie die unsrige, schlechte Geschäfte macht, so muss dies keineswegs darin liegen, dass der Verkehr ein geringerer und schwächerer ist — denn damit wäre an sich auch ein mässigerer Betriebsaufwand verbunden — sondern es kann ebenso gut davon herrühren, dass wir das eigenartige, gerade unseres Verkehrs nicht zu verstehen und auszunutzen vermögen. Die Aeusserung des Herrn v. Balz, dass die durchschnittliche Ausdehnung aller Reisen auf der 3. Klasse nur 25 Kilometer betrage, giebt beispielsweise in dieser Richtung einen wertvollen Fingerzeig.

Geradezu schmerzlich berührt aber hat es uns, aus dem Munde des Ministers jene Einwände zu hören, die, so oft von Tarifverbilligung die Rede ist, vorgebracht zu werden pflegen. Wir glaubten, offen gestanden, Besseres verdient zu haben. Wir quälen uns seit lange ab, nachzuweisen, dass die rationelle Ausgestaltung des Betriebs die conditio sine qua non jeder Tarifverbilligung sein muss und diesen gleichwertigen Faktor in der Reihe unserer Reformbestrebungen übergeht man einfach mit Stillschweigen. Niemand kann mehr als wir von der Ueberzeugung durchdrungen sein, dass die blosse Verbilligung der Tarife ohne ein rationelles Anpassen des Betriebs an die realen Verkehrsinteressen nichts anderes als eine Verschleuderung des Volksvermögens, ein finanzieller Unsinn und eine technische Thorheit wäre. Aber eben, weil wir diesen engen Zusammenhang beider Faktoren verstehen und zu würdigen wissen, eben deshalb steht es für uns ausser Zweifel, dass die Ausgestaltung des Nahverkehrs, für den Herr v. Mittnacht und Herr v. Balz ja warme Worte finden, ohne weitgehende Tarifverbilligung gleichfalls ein Unding ist. Im Unterschied vom Fernverkehr hat der Nahverkehr in anderen Transportgelegenheiten und vor allem in den menschlichen Beinen eine Konkurrenz, die nur mit den Waffen der Bequemlichkeit und Billigkeit zu besiegen ist.

Auch in dem Punkte thut der Herr Minister der demokratischen Presse bitter Unrecht, dass wir die thatsächlichen Reformen, die von der Verwaltung ins Leben gerufen wurden, nicht anerkennen. Unserer Leser wegen hätte er ihre Aufzählung ganz wohl unterlassen können. Von den Landeskarten bis zum Daimlerschen Motor haben wir alles sorgfältig registriert und mit Worten der Anerkennung nie gekargt. Dass wir aber wegen dieser und anderer dankenswerten Massregeln, die als erste Versuche ja alles Lob verdienen, die Zeit noch nicht für gekommen halten, wo unsere Eisenbahnverwaltung auf ihren Lorbeeren ausruhen könnte, ist gleichfalls wahr. Wenn endlich der Ton, in dem die demokratische Presse die Eisenbahnfragen zu behandeln pflegt, den leitenden Kreisen nicht gefällt, so ist uns das aufrichtig leid, ohne dass wir es zu ändern vermögen. Die Presse ist kein Salon für höhere Töchter, sondern eine Stätte des freien Gedankenaustausches, der seine Worte nicht auf die Goldwage legt, sondern die Pflicht hat, das Kind beim rechten Namen zu nennen. Es ist kein gutes Zeichen für eine Verwaltung, wenn dieselbe an übertriebener Empfindlichkeit leidet und es verschmäht, den einzig richtigen Weg einzuschlagen, der alle Angriffe abprallen lässt, den Weg der sachlichen Widerlegung. In der Rede des Herrn v. Mittnacht vermögen wir, auch bei aller Anerkennung der konzilianten Form und des kundgegebenen guten Willens, nicht die Spur hievon zu erkennen.

3.
Die Kammer-Debatte.

Jede tiefer gehende Reform in Staat und Gesellschaft hat im allgemeinen drei Stadien zu durchlaufen. Zuerst wird das Beengende und Widerspruchsvolle in den bestehenden Verhältnissen empfunden. Dann treibt das Gefühl der Unzulänglichkeit da und dort, oft in bunter Mannigfaltigkeit, allerhand Projekte an die Oberfläche. Endlich tritt der synthetische Gedanke in sein Recht: Theorie und Praxis reichen sich die Hände und die Bahn für die Reform wird frei. An diesem Masstabe gemessen lässt sich der Gesamteindruck der jüngsten E i s e n b a h n - D e b a t t e kurz dahin zusammenfassen, dass Regierung und Verwaltung noch im ersten, die Kammer selbst aber bereits im zweiten Stadium sich befindet und dass, wenn anders es gelingt, die öffentliche Meinung mehr als bisher für diese so wichtige Frage zu interessieren, der Zeitpunkt für das dritte Stadium, d. h. für die Reform selbst, unmittelbar bevorsteht. »Sie haben,« sagte der leitende Minister in der Landtagsitzung vom 30. Mai, »in der Adresse als Ziele, welche die Eisenbahnverwaltung zu verfolgen habe, die Verbilligung der Tarife und die Erleichterung des Nahverkehrs aufgestellt. Wir können prinzipiell diese Ziele vollkommen acceptieren und werden, um sie zu erreichen, alles thun, was wir verantworten zu können glauben.« Lebhafter Beifall belohnte diese Worte. Ueber die Sache selbst ist also Regierung, Landtag und Volk vollkommen einverstanden; es handelt sich jetzt bloss noch um die Mittel und Wege. Kein Mann von Einsicht wird leugnen, dass die Eisenbahnreform einen bedeutungsvollen Schritt nach vorwärts gemacht hat!

Wer die Reden, die am Regierungstisch gehalten wurden, aufmerksam prüft, muss den Eindruck gewinnen, dass es eigentlich nur noch zwei untergeordnete Punkte sind, die das Hemmnis für ein unmittelbares Einlenken in die Reform bilden. Herr v. M i t t n a c h t kann, wie er sagt, von den Millionen, die für die Eisenbahnverwaltung auf dem Boden liegen, immer noch nichts sehen und Herr v. B a l z vermisst positive Vorschläge, d. h. »konkrete Wünsche«, damit die Verwaltung »ihre Rechnung dahin machen könne«. Beide Hemmnisse lassen sich unseres Erachtens spielend beseitigen. Wir werden dem Herrn Minister auf der Grundlage einer untrüglichen

Wahrscheinlichkeitsrechnung in Bälde die Millionen nachweisen [1]) und ebenso dem Herrn Präsidenten einen positiven Vorschlag unterbreiten [2]), der nicht nur eine genaue Rechnung gestattet, sondern auch, was noch viel wichtiger ist, ohne jedes finanzielle Risiko sofort verwirklicht werden kann. Weit entfernt, eine »umstürzende Eisenbahnpolitik« zu empfehlen, geht unser heisses Bemühen vielmehr dahin, diese Politik auf eine immer breitere Basis zu stellen, und jenen »Umsturz« zu verhüten, der beim Verharren auf dem bisherigen Wege unvermeidlich ist. Wenn der Herr Präsident der Kgl. Eisenbahnverwaltung für den Gedanken der Ausgestaltung des Nahverkehrs die Priorität für sich beansprucht, so hat er insofern Recht, als wir seiner Methode, diesem eigenartigen Verkehr gerecht zu werden, die wertvollsten Fingerzeige verdanken, wie man es n i c h t machen darf. Von einem Verständnis für den eigentlichen Springpunkt dieser Frage, d. h. der g e g e n s ä t z l i c h e n Natur zwischen Nah- und Fernverkehr und der absoluten U n v e r e i n b a r k e i t b e i d e r bei der heutigen Art des Betriebs vermochten wir in unserer vaterländischen Eisenbahnpolitik nichts zu entdecken. Auch in den Ausführungen des Herrn Ministers, soweit sich dieselben gegen unsere Erörterungen richteten, bedarf ein Punkt der Richtigstellung. Wir halten jeden Versuch, die Tarifverbilligung im Personenverkehr, sei es in zustimmendem, sei es in ablehnendem Sinne, f ü r s i c h zu besprechen, für prinzipiell falsch. Deshalb haben alle Hinweise auf die Erfahrungen in Oesterreich und in andern Ländern, sowie alle allgemeinen Erörterungen, ob mit der Verbilligung die Erträge mutmasslich steigen oder fallen werden u. s. w., auch nicht den geringsten Wert. Dies alles berührt uns so wenig, wie die Frage von den Mondbewohnern. Ein billiger Tarif ohne rationell organisierten Nahverkehr ist, wie auch wir unumwunden zugeben, eine Thorheit; ein noch so rationell organisierter Nahverkehr ohne billigen Tarif ist wiederum eine Thorheit. Kurz, beide Momente bilden eine untrennbare Einheit; sie stehen und fallen mit einander. Wir würden uns also beispielsweise unter den heutigen Verhältnissen mit dem Abgeordneten S a c h s sehr energisch g e g e n das »billige Sonntagsbillet« aussprechen, ganz abgesehen davon, dass die Schalterfreuden der Residenz am Pfingstfest und an ähnlichen Tagen für die übrigen grossen Verkehrsplätze sehr wenig Verlockendes haben.

---

1) S. Nr. VI. 2) S. Nr. V.

Der Herr Berichterstatter lieferte eine überaus fleissige und gewissenhafte Arbeit, die als orientierende Grundlage noch bedeutend gewonnen hätte, wenn sie bezüglich der der demokratischen Presse entnommenen Anregungen etwas offener und bezüglich der Komplimente gegen die Kgl. Eisenbahnverwaltung etwas zurückhaltender gewesen wäre. Die Eisenbahnverwaltung befindet sich schon jetzt in Bezug auf ihre parlamentarische Verantwortung aus Gründen, die wir nicht einmal anzudeuten brauchen, allen übrigen Ressorts gegenüber in einer ganz ungewöhnlich bevorzugten Lage, die durch den Eintritt ihres Präsidenten in die Kammer noch mehr verbessert worden ist. Es war sicherlich nicht die Aufgabe der Berichterstattung, in dieses Feuer der Begeisterung und des Selbstbewusstseins noch mehr Oel zu giessen, sondern im Gegenteil durch äusserste Sachlichkeit und Nüchternheit den schädlichen Einfluss solcher Stimmungen und Stellungen zu paralysieren.

Was die klare Herausstellung einzelner Reformgedanken selbst betrifft, so geschah dies durch die Herren Sachs, Haussmann, Schmidt und v. Wöllwarth in vortrefflicher Weise. Die Thatsache, dass Vertreter der Deutschen Partei, der Demokratie und der Ritterschaft sich auf demselben Boden zusammenfanden, spricht für den Ernst der Lage und die zwingende Notwendigkeit durchgreifender Massnahmen. Die Erkenntnis, die hier nebenbei abfiel, dass auch bei politischen Gegensätzen immer wieder ein Boden da ist, auf dem sich Männer, deren Auge und Herz für die Wohlfahrt des Volkes offen stehen, zusammenfinden, ist erfreulich genug, um ausdrücklich betont zu werden. Man nimmt bei solchen freundlichen Eindrücken auch allerlei Verschrobenheiten gern in den Kauf. So brachte es, beispielsweise, einer der ritterschaftlichen Abgeordneten fertig, in einem Atemzug über das »Wolkenkuksheim künftiger Tarifreformen« zu spotten und für den Bau von Kleinbahnen zu plädieren, ohne zu ahnen, dass die Letzteren, auf deren Notwendigkeit wir längst hingewiesen haben, ohne Organisation des Nahverkehrs auf der Grossbahn und entsprechenden Tarif bei uns rein undenkbar sind. Wenn ihm nebenbei entging, dass die Ausgestaltung des Nahverkehrs auf unseren Grossbahnen nichts anderes wäre, als eine Form der Anpassung des Kleinbahnbetriebs an die Grossbahn — wozu sich unser Württemberg ganz vorzüglich eignet — also just das, was er selbst für wünschenswert hält, so lässt sich dies mit der Neuheit des Gegenstandes entschuldigen. Der Kanzler der Universität lieferte einen höchst schätzenswerten Beitrag zu unserem Reformprogramm, indem er feststellte, dass die Verkehrsinteressen von T ü b i n g e n und die Verkehrsinteressen von P f a u h a u s e n wesentlich verschieden sind — eine sehr bemerkenswerte Thatsache, die, auf das ganze Land übertragen, für unsere Eisenbahnpolitik von den fruchtbarsten Folgen sein könnte.

Für den Gesamteindruck, den eine Kammerdebatte hervorruft, ist nicht immer bloss das entscheidend, was gesprochen wird, sondern sehr häufig auch das, was n i c h t gesprochen wird. So würden wir uns einer sträflichen Unterlassung für schuldig halten, wenn wir mit unserem Bedauern darüber hinter dem Berge hielten, dass die D e b a t t e i m g a n z e n nicht auf der wahren Höhe der Eisenbahnfrage gestanden hat. Gerade die wichtigsten und tiefgehendsten Momente finanzpolitischer, volkswirtschaftlicher und sozialpolitischer Natur wurden entweder gar nicht betont oder höchstens gestreift. Eine andere Thatsache ist nicht minder bemerkenswert. An der Eisenbahndebatte beteiligten sich in fortschrittlichem Sinne ein Stadtvorstand, ein Jurist, ein Redakteur und ein Ritter, während die Vertreter von H a n d e l und I n d u s t r i e teils schwiegen, teils sich darauf beschränkten, allerlei kleine Anliegen vorzubringen. Giebt es einen schlagenderen Beweis, dass in diesen Kreisen das Verständnis für die allgemeinen Fragen des Volkswohls immer mehr zurückgeht?

Und damit diesem gar nicht erquicklichen Bilde auch der komische Strich nicht fehle, beschränkte sich der spezielle Vertreter des A r b e i t e r s t a n d e s, als Dritter im Bunde, darauf, die Bären aufmarschieren zu lassen, die ihm von guten Freunden aufgebunden worden waren. Dass in der E i s e n b a h n r e f o r m ein Mittel vorliegt, um in zwei Jahren zum Vorteile der arbeitenden Klassen mehr zu wirken, als die sozialdemokratische Agitation in fünf Jahrzehnten fertig bringt, davon scheinen diese sonderbaren Vertreter keine Ahnung zu haben. Andernfalls würden sie nicht an Lokomotiven herumnörgeln, von denen sie nichts verstehen, oder Seifenblasen fliegen lassen, die platzen, sobald der Vertreter der Regierung den Mund öffnet.

Die trefflichen und streng sachlichen Ausführungen des Abgeordneten S a c h s am zweiten Tage der Debatte hatten die seltsame Wirkung, am Regierungstische eine gewitterartige Entladung heraufzubeschwören, die neben anderem von dem ungewöhnlichen Interesse Zeugnis ablegte, das an entscheidender Stelle den bezüglichen Ausführungen der demokratischen Presse zu teil wird.

Falls dieses Interesse andauert, ist der Sieg der Reform verbürgt. Dass man hiebei beliebte, mit dem ganzen Aplomb einer autoritativen Stellung einem mutmasslichen anonymen Verfasser entgegenzutreten, halten wir für sachlich nicht gerechtfertigt und für politisch unklug. Selbst der eingefleischte Gegner jeder Eisenbahnreform wird zugeben, dass in unseren Reformartikeln eine ganze Reihe positiver Gesichtspunkte aufgestellt und klar erörtert worden ist, die zum mindesten einer eingehenden und sachlichen Widerlegung würdig gewesen wären. Solche Einwände lassen sich nicht übers Knie abbrechen, um so weniger, wenn man genötigt ist, sich auf denselben prinzipiellen Standpunkt zu stellen — wie dies mit der »Verbilligung der Tarife« und der »Erleichterung des Nahverkehrs« geschehen ist. Es geht mit diesen Einwänden, wie mit den sybillinischen Büchern. Je schroffer man sie zurückweist, desto mächtiger bäumen sie sich auf. Das wird schon die nächste Zukunft lehren. Politisch unklug aber ist diese Art, sich mit einer unbequemen Polemik abzufinden, weil Jedermann weiss, dass der Verwaltung zahlreiche Mittel zu Gebote stehen, um falsche Behauptungen zu widerlegen und Unrichtiges richtig zu stellen. Letzteres ist bis jetzt nicht geschehen. Wäre es nicht klüger, diese Versäumnis nachzuholen, als den aussichtslosen Versuch zu machen, die Polemik überhaupt durch die Wucht der Autorität und den Hinweis auf die schwere Verantwortung lahm zu legen? Alle Welt ist heute darüber im Klaren, dass Landeskarten, Zeitkarten, Fahrscheinhefte, Reklametafeln und ähnliches nur Tropfen auf den heissen Stein des Defizits sind und dass über kurz oder lang durchgreifendere Massregeln kommen müssen. Wir meinen, es liege im Interesse der Verwaltung selbst, wenn die öffentliche Meinung hierauf vorbereitet wird und die einschlägigen Fragen nach allen Seiten hin beleuchtet werden. Beide, das Land und die Verwaltung, können nur gewinnen.

4. Die Eisenbahnrente.

Der Abgeordnete der Stadt Tübingen hat jüngst in seiner klaren Darlegung der allgemeinen Finanzlage des Landes, wie natürlich, auch der Eisenbahnrente gedacht und dabei geäussert, dieselbe werde »in absehbarer Zeit keine Steigerung erwarten lassen«. Die Rente beträgt zur Zeit, d. h. im Betriebsjahr 1893/94, bekanntlich 2,96 Proz. Wir vermögen diesen pessimistischen Standpunkt nicht zu teilen, sind vielmehr der Ansicht, dass bei einigem guten Willen von seiten der Eisenbahnverwaltung und bei mässigem Verständnis für die Anforderungen einer gesunden Reform sich sehr leicht ganz bedeutende Mehrerträgnisse und eine erhebliche Steigerung der Rente würden erzielen lassen. Wir wissen uns bei dieser Behauptung von allen utopischen Vorstellungen der sog. »Verkehrsfanatiker« vollkommen frei und halten uns ausschliesslich an die thatsächlichen Verhältnisse. Wenn wir hiebei zunächst nur die Zustände im P e r s o n e n v e r k e h r ins Auge fassen, der bezüglich des Gesamtertrags im prozentualen Verhältnis von 37 zu 63 mit dem Güterverkehr steht, so geschieht dies deshalb, weil hier die Sachlage einfacher, durchsichtiger und dem Nichtfachmann verständlicher ist.

Der V e r k e h r ist keine feste Grösse oder ein Ding, das vom Himmel fällt, wie unsere Fachleute glauben, sondern eine soziale Funktion, die so gut ihren bestimmten Gesetzen unterworfen ist, wie die leiblichen Funktionen des einzelnen Individuums. Mit der wachsenden Differenzierung der Gesellschaft spaltet und vervielfältigt sich diese Funktion ins Ungemessene, aber da sie von den wirtschaftlichen, politischen und sittlichen Zuständen des Gemeinwesens abhängig ist, so folgt sie notwendigerweise ganz bestimmten Gesetzen. So versteht Jedermann, dass der Fernverkehr, der Landesverkehr und der Nahverkehr drei grundverschiedene Dinge sind, die an die Leiter unserer Eisenbahn ebenso grundverschiedene Anforderungen stellen. Da zeigt aber schon ein oberflächlicher Blick auf unsere Bahnpolitik, dass für den Fernverkehr g u t , für den Landesverkehr s c h l e c h t , für den Nahverkehr g a n z s c h l e c h t gesorgt ist. Hier gilt das Wort des Evangeliums: »Viele sind berufen, aber wenige sind auserwählt,« d. h. je grösser die Masse thatsächlicher Verkehrsinteressen ist — und sie ist beim Nahverkehr ohne Zweifel die weitaus überwiegende — desto schlechter ist für sie gesorgt. Für die paar Leute, die täglich von Stuttgart nach Berlin fahren, steht die Verkehrsgelegenheit thatsächlich auf der Höhe der Zeit; für die Tausende von Menschen aber, die sich täglich vom Land in die Stadt und von der Stadt aufs Land bewegen, ist selbst mit der Eisenbahn noch durchschnittlich ein Zeitaufwand erforderlich, wie in jenen Tagen, als der Grossvater die Grossmutter nahm. Ueber die Ursachen dieser seltsamen Zustände liesse sich ein Buch schreiben!

Schon diese einfachen Erwägungen werfen auf unsere Eisenbahnrente ein helles Licht, indem sie zeigen, dass eine unendliche

Masse wirklicher Verkehrsinteressen auf rein künstliche Weise von der Benützung der Bahn ferngehalten wird. Die Eisenbahn gleicht einem Kaufmann, der vor seine Ladenthür Fussangeln legt, damit immer nur eine kleine Anzahl Personen herein kann, die grosse Masse aber draussen bleibt. Das ist die negative Seite der Frage; die positive ist ebenso erbaulich. Die Ausnützung der Sitzplätze in unseren Personenwagen beträgt für die I. Klasse 6,47 Proz., für die II. Klasse 15,53 Proz., für die III. Klasse 27,80 Proz., d. h. die Bahnverwaltung hat die Güte demjenigen, der I. Klasse fährt, 16, dem, der II. Klasse fährt, 7, dem, der III. Klasse fährt, 4 Sitzplätze zur Verfügung zu stellen. Wenn man nun weiterhin erfährt, dass von der Gesamtzahl der beförderten Personen auf die I. Klasse 0,36 Proz., auf die II. Klasse 7,53 Proz., auf die III. Klasse 92,11 Proz. entfallen, so kann niemand mehr zweifeln, dass der seltenste Gast auch bei unserer Eisenbahn der willkommenste ist und dass ihm ganz ungewöhnliche Ehrenbezeugungen zu teil werden. Da die Grundtaxe pro Person und Kilometer für die I. Klasse 8, für die III. Klasse 3,4 Pfg. beträgt, so hätte, vom übrigen Komfort abgesehen, der erstklassige Passagier den Anspruch auf den doppelten Raum, stattdessen erhält er thatsächlich den vierfachen. Man sieht auch hieraus, dass das Missverhältnis zwischen Leistung und Selbstkosten, zwischen poids utile und poids mort mit der höheren Klasse in geometrischer Progression steigt.

Auf unseren Eisenbahnen fuhren im Berichtsjahr 1893/94 im ganzen, Militär ausgeschlossen, 13 121 930 Personen. Hiervon entfallen auf die

I. Klasse . . .   31 307
II.   »   . . . 918 078
III.   »   . . . 12 172 545

Das prozentuale Verhältnis haben wir oben angegeben. An Personenkilometern kommen auf die I. Klasse 4 823 489, auf die II. Klasse 52 968 006, auf die III. Klasse 346 306 207. Ein Passagier der

I. Klasse fährt durchschnittlich 66,39 Kilom.
II.   »   »   »   34,65   »
III. »   »   »   18,88   »

Der Gesamtdurchschnitt aller Personenkilometer ist rund 21, d. h. jede Person, die unsere Bahn benützt, bringt durchschnittlich ein Verkehrsbedürfnis von 21 Kilometerlänge oder, wenn man es in Hin- und Rückfahrt zerlegt, von zweimal 10,5 Kilometer mit. Diese Zahlen zeigen, was a priori zu erwarten ist, dass die Interessen des N a h v e r k e h r s, welche an die Eisenbahn herantreten, allen übrigen Anforderungen gegenüber überwältigend sind und dass sie sich trotz aller so zahlreichen Hemmnisse schon heute mit elementarer Gewalt geltend machen. Was für einen Aufschwung würde diese Entwicklung der Nahverkehrs-Interessen dann erst nehmen, wenn sie den ihnen gebührenden Rang innerhalb unserer Bahnpolitik einnehmen könnten und sich einer direkten Förderung und zielbewussten Ausgestaltung zu erfreuen hätten! Man braucht seine Blicke nur auf die nächste Umgebung zu lenken, um zu sehen, dass von 100 in den V e r k e h r eintretenden Personen mindestens 95 innerhalb des gegebenen Marktkreises verbleiben, 4—5 etwas, aber wenig darüber hinaus streben und höchstens 1 die Eisenbahn für grosse Entfernungen in Anspruch nimmt. Dass hier M i l l i o n e n auf dem Boden liegen, die die Verwaltung nur aufzunehmen braucht, sollte nachgerade jedermann klar sein, und dass diese Millionen unserer Eisenbahnrente zu gute kommen würden, nicht minder.

Auch bezüglich des Landesverkehrs liegen die Verhältnisse noch sehr im Argen. Der internationale Fernverkehr huldigt längst dem Prinzip, dass alle auf der Bahn verbrachte Zeit v e r l o r e n e Z e i t ist. Mit allen Hilfsmitteln, welche die moderne Technik an die Hand giebt, wird unablässig an der Verkürzung der Fahrzeiten gearbeitet. Jede halbe Stunde, die einer grossen Route abgewonnen wird, gilt schon für einen enormen Gewinn. Unser Landesverkehr huldigt dem umgekehrten Prinzip, dem »Eile mit Weile« und ruht ganz und gar auf der Voraussetzung, dass wir Schwaben zu einem beschaulichen Dasein bestimmt sind und dass blinder Eifer schadet. Schnellzüge, die nur dem Landesverkehr dienen, giebt es überhaupt nicht; der Schnellzüge erfreuen sich nur die Gegenden, welche an den grossen Routen liegen. Statt ihrer rollen endlose Bummelzüge mit leeren Wagen durch das Land, die in ihrer Zwittergestalt als Träger des Landes- und des Lokalverkehrs dem Hunde gleichen, der zwei Hasen auf einmal fängt. Sie stehlen die Zeit, die für's Geschäft bestimmt ist; sie verkürzen den Aufenthalt ungebührlich und legen unserer Bequemlichkeit grosse, meist ganz unnötige Opfer auf. Auch der Landesverkehr spaltet sich wieder in zwei Gruppen, von denen jede eine besondere Berücksichtigung verdient: in den Verkehr des Landes mit den grossen Zentren und in den Verkehr der grösseren Plätze unter einander. Hier ist ja schon vieles geschehen, was gut und zweckmässig ist. Niemand wird es bestreiten. Aber noch sind die Opfer, die an Zeit, an Bequemlichkeit und namentlich an Geld gefordert werden, viel zu gross. Wenn heute Einer behauptet, man sollte um eine Mark mit Schnellzug von Ulm nach Stuttgart fahren können — ein Preis beiläufig, den man in zehn Jahren wahrscheinlich für hoch halten wird — dann wackeln alle Zöpfe im Lande. Und doch liegt es auf der Hand, dass nicht nur dem Volke damit gedient wäre, sondern dass die Verwaltung auch ganz vortreffliche Geschäfte machen würde. Vier rasche, bequeme, billige und deshalb stets vollbesetzte Züge sind doch wirtschaftlich zehnmal wertvoller, als acht unbequeme, teure und leere. Die Verbindungen der grösseren Plätze unter einander sind noch an zahlreichen Linien sehr mangelhaft. Es giebt Städte im Lande, die höchstens 60—80 Kilometer von einander entfernt und wirtschaftlich enge mit einander verbunden sind, wo man zur Reise hin und her einen ganzen Tag nötig hat, Zustände, die auf dem heutigen Standpunkt der Verkehrsentwicklung unbegreiflich sind.

Alle diese Verhältnisse und nicht die »schlechten Zeiten« sind es, welche die Mindererträge unserer Eisenbahnen verursachen. Unsere falsche Eisenbahnpolitik ist sogar an diesen »schlechten Zeiten« ganz wesentlich mit schuld, weil sie das Lebensprinzip der modernen Gesellschaft, die Zirkulation in ihrer unermesslichen Tragweite verkennt. Diese Politik ist es, von der unsere schlechte Eisenbahnrente herrührt. Man breche also mit den alten Vorurteilen und öffne für andere und bessere Ziele die Bahn. Man beseitige im Landesverkehr die I. Klasse und schränke die II. thunlichst ein. Man schaffe die Bummelzüge auf grössere Entfernungen ab, indem man ihre heutige ungesunde Doppelfunktion, dem Fern- und Nahverkehr zugleich dienen zu wollen, aufhebt und diese beiden grundverschiedenen Verkehrs-Interessen gesondert erfasst. Man eröffne einen unabhängigen Nahverkehr durch das ganze Land und bewältige den übrigen Landesverkehr mit Schnellzügen. Man baue in den nächsten fünf oder zehn Jahren keine Voll- und keine Sekundärbahn mehr, die nicht zum Voraus die Garantie einer fünfprozentigen Rente in sich trägt. Man nehme kein Eisenbahnanlehen mehr auf ohne sehr kurz bemessene Tilgungsfrist. Endlich — last not least — man schaffe einen billigen Tarif! Sodann müssen alle egoistischen

Eisenbahnwünsche einzelner Personen, Gemeinden und Bezirke fest und bestimmt zurückgewiesen und den letzteren, unter Zusage möglichster Förderung, der Gedanke nahe gelegt werden, auch ihrerseits durch den Bau von K l e i n b a h n e n für den öffentlichen Verkehr zu sorgen und nicht immer alles vom »Staate« zu verlangen. Lenkt unsere Verwaltung erst einmal in d i e s e Bahnen ein, dann kann es nicht fehlen, dass die Eisenbahnrente rasch steigen und bald die Zeit kommen wird, wo man zu der so notwendigen Amortisierung des investierten Kapitals schreiten und den ganz unerträglichen Zuständen unserer Eisenbahnschuld ein Ende machen kann.

V. Eine Musterorganisation für den Nahverkehr.

Ein Projekt.

Der Zweck des nachstehenden P r o j e k t e s, das wir hiemit der Oeffentlichkeit übergeben, ist ein dreifacher. Zunächst soll es zu einem erstmaligen praktischen Versuche anregen, um dem bisher so vernachlässigten N a h v e r k e h r auf der Eisenbahn gerecht zu werden. Sodann hat es den Beweis zu liefern, dass wir keine »umstürzende Eisenbahnpolitik«, keinen Sprung ins Dunkle wünschen, dass vielmehr auf dem Boden der bestehenden Verhältnisse sehr wohl ein schrittweiser Aufbau und ein besonnenes Vorgehen ohne jedes Risiko möglich ist. Endlich soll hier gewissermassen ein typisches Vorbild geschaffen werden, an welchem die Reform einsetzen kann, um schliesslich unser ganzes engeres Vaterland zu umfassen. Wir haben als Musterobjekt für die neue Organisation die Stadt C r a i l s h e i m gewählt, nicht, weil sein Stadtvorstand in den Kammerverhandlungen als warmer und sachkundiger Freund der Eisenbahnreform aufgetreten ist, nicht, weil es den »grossen Eisenbahnreformer« in seinen Mauern beherbergt, sondern aus dem vielleicht überraschenden Grunde, weil diese Stadt, was den Bahnverkehr betrifft, schon heute vor vielen anderen Orten bevorzugt ist. Während Crailsheim seiner E i n w o h n e r z a h l nach den 32. Platz in der Reihenfolge der württembergischen Städte einnimmt, steht es mit seinem P e r s o n e n v e r k e h r bereits auf der 30., mit seinem G ü t e r v e rkehr auf der 25., mit seinem Kassenverkehr sogar auf der der 19. Rangstufe. Das Missverhältnis zwischen der Ausgestaltung des Fern- und des Nahverkehrs ist gerade in Crailsheim ganz besonders deutlich zu erkennen.

Wir sehen hier von allen theoretischen Erörterungen ab und geben nur dem lebhaften Wunsche Ausdruck, dass die Kritik an unserem Vorschlage ihre ganze Strenge üben möge.

Das Projekt ist in seinen Grundzügen folgendes:

Die Nahverkehrzone Crailsheim besteht aus folgenden vier Teilstrecken:

I. Crailsheim-Grossaltdorf 15 km III. Crailsheim-Ellrichshausen 11 km
II. Crailsheim-Stimpfach 10 »   IV. Crailsheim-Schrozberg 30 »

Sie umfasst sonach ein Gebiet von 66 km. Bahnlänge.

Jede dieser 4 Teilstrecken hat neben der Ausgangs- und Endstation nur sogenannte Haltestellen oder Haltepunkte und zwar:

I. Die Teilstrecke Crailsheim-Grossaltdorf
(Linie Hessenthal):

1. Station   Crailsheim.   5. Haltestelle Eckartshausen (Station).
2. Haltestelle Altenmünster.   6.   »   Gaugshausen.
3.   »   Maulach (Station).   7.   »   Grossasbach.
4.   »   Saurach.   8. Station   Grossaltdorf.

II. Die Teilstrecke Crailsheim-Stimpfach
(Linie Aalen):

1. Station   Crailsheim.   4. Haltestelle Steinbach a. d. J.
2. Haltestelle Ingersheim.   5.   »   Appensee.
3.   »   Jagstheim (Station).   6. Station   Stimpfach.

III. Die Teilstrecke Crailsheim-Ellrichshausen
bezw. Landesgrenze (Linie Ansbach):

1. Station   Crailsheim.   4. Haltestelle Birkelbach.
2. Haltestelle Fallhaus.   5.   »   Ellrichshausen (Station)
3.   »   Beurlbach.   6. Haltestelle Volkershausen.

IV. Die Teilstrecke Crailsheim-Schrozberg
(Linie Mergentheim):

1. Station   Crailsheim.   7. Haltestelle Schainbach.
2. Haltestelle Fallhaus.   8.   »   Roth a. S. (Station).
3.   »   Satteldorf (Ort).   9.   »   Brettenfeld.
4.   »   Satteldorf (Station). 10.   »   Blaubach.
5.   »   Gröningen.   11.   »   Blaufelden (Station).
6.   »   Wallhausen (Station). 12. Station   Schrozberg.

An jeder Station zeigt eine Tafel in grosser deutlicher Schrift die einzelnen Entfernungen der Teilstrecke.

* * *

Die Nahverkehrzone Crailsheim kennt nur drei Arten von Fahrkarten:
1. eine weisse Karte pro 10 km zu 10 Pf.
2. » grüne » » 20 » » 20 »
3. » rote » » 30 » » 30 »

Diese Fahrkarten tragen auf der Vorderseite die Aufschrift: »Nahverkehrzone Crailsheim. 10 km — 10 Pf. u. s. w.«, auf der Rückseite den Vermerk: »Diese Fahrkarte ist nur in der Nahverkehrzone Crailsheim giltig.« Die Karten können an den Schaltern der Stationen in beliebiger Anzahl, wie die Briefmarken am Postschalter, gekauft werden. Wiederverkauf ohne Preiszuschlag ist zulässig. Wer im Zuge ohne Fahrkarte betroffen wird, hat die doppelte Taxe zu bezahlen. Jede angebrochene Zehn-Kilometer-Strecke wird für voll gerechnet.

Die Kontrolle geschieht in der Weise, dass der Passagier beim Vorzeigen der Karte den Namen des Orts nennt, wohin er fährt, worauf die Karte vom Schaffner durchlöchert, beziehungsweise abgenommen wird. Die Gültigkeit der Fahrkarte erlischt stets an der Endstation der Teilstrecke. Wer also über die letztere hinaus eine zweite Teilstrecke befährt, hat eine weitere Fahrkarte zu benützen.

* * *

Die Nahverkehrzone Crailsheim kennt nur eine Wagenklasse mit Abteilung für Nichtraucher. Wagen und Maschinen sind so einfach, als sich mit der Sicherheit und Bequemlichkeit des Verkehrs verträgt. Auch die Einrichtung der Haltestellen ist zunächst die denkbar einfachste, bis der wachsende Verkehr etwa weitere Ausgestaltungen erfordert. Vorderhand genügt eine Barrière, hinter welcher die Passagiere warten, bis dieselbe nach Ankunft des Zuges vom Schaffner geöffnet wird.

Strenge bahnpolizeiliche Vorschriften mit empfindlichen Geldstrafen sind für die Haltestellen unerlässlich und an einer Tafel angeschrieben.

Vorerst wird im Interesse einer raschen Eingewöhnung des Publikums von der Güterbeförderung im Nahverkehrbetrieb Abstand genommen und nur Handgepäck zugelassen. Bezüglich des letzteren gelten die im Grossbetrieb schon jetzt bestehenden Vorschriften. Sobald der Nahverkehrbetrieb ohne Störung funktioniert, spätestens nach Ablauf eines halben Jahres, wird auch zur Organisation der Güterbeförderung geschritten.

* * *

Der **Fahrplan** für die **Nahverkehrzone Crailsheim** wird in einer jährlich **viermal** zusammentretenden **Fahrplankonferenz** festgestellt, zu welcher neben den Vertretern der Kgl. Eisenbahnverwaltung eine bestimmte Anzahl von Delegierten aus den Amtskorporationen der Nahverkehrzone mit **beratender** Stimme beigezogen wird. Die letzteren bilden einen »**lokalen Eisenbahnbeirat**«, dessen Befugnisse auf dem Wege der Verordnung geregelt werden. Bei der Wahl dieser »Beiräte« ist darauf Rücksicht zu nehmen, dass die verschiedenen Interessentengruppen die ihrer Bedeutung entsprechende Vertretung finden.

Die leitenden Gesichtspunkte bei der Feststellung des Fahrplans sind: Stetige Anpassung an die realen Verkehrsbedürfnisse, völlige Unabhängigkeit der Bewegung innerhalb der Nahverkehrzone, mit Ausnahme der notwendigen Anschlüsse an den Fernverkehr; weitgehende Autonomie der Betriebsverwaltung für alle den Nahverkehrbetrieb betreffenden Fragen.

* * *

Die gleichzeitige Einrichtung einer **Nahverkehrzone Mergentheim** wird kaum zu umgehen sein. In der ganzen Strecke Crailsheim-Mergentheim läge dann zugleich ein vortreffliches Versuchsfeld für die Neuorganisation auch des Fern- bezw. Landesverkehrs vor. Die einfachen Personenzüge (Bummelzüge) hören auf. Den Fernverkehr übernehmen Schnellzüge, die nur an den Endstationen der Teilstrecken der Nahverkehrszonen, also im vorliegenden Falle in **Crailsheim**, in **Schrozberg** und in **Mergentheim** halten. Hiebei müsste sich zeigen, dass, wenn einerseits die Beschaffung neuer Betriebsmittel für den Nahverkehr auch einen gewissen Aufwand erfordert, anderseits hinsichtlich des Fernverkehrs sehr erhebliche Einschränkungen und damit Ersparnisse sich ergeben würden.

VI. Die Millionen.

Die **Millionen**, welche bei einer rationellen Reform für unsere **Eisenbahnverwaltung** »auf dem Boden liegen« und die man an entscheidender Stelle leider immer noch nicht zu sehen vermag, lassen sich sehr leicht nachweisen. Die »Württembergischen Jahrbücher für Statistik und Landeskunde« (Jahrg. 1894,

Heft 1) enthalten eine treffliche Arbeit von Dr. H. L o s c h über »die Entwicklung der Bevölkerung« unseres Landes, in welcher auch die einschlägigen Verhältnisse der Eisenbahnen in den Kreis der Betrachtung gezogen werden. Wir entnehmen dieser Arbeit in etwas vereinfachter Form nachstehende Daten:

Jahr	Gesamt-bevölkerung	Zahl der auf der Eisenbahn durchschnittlich jährlich beförd. Personen	Auf 1 gezählten Einwohner
1850	1 744 595	1 752 467	1,01
1860	1 720 708	2 977 312	1,73
1870	1 818 539	6 366 661	3,52
1880	1 971 118	10 123 154	5,14
1890	2 036 522	13 509 290	6,63

Wenn man mit L o s c h die Bewohner sämtlicher Gemeinden, die einer Station den Namen geben oder auf deren Markung eine Station liegt, als »E i s e n b a h n a n l i e g e r« bezeichnet, so ergiebt sich folgende Entwicklung der betreffenden Bevölkerung:

Jahr	Zahl der Orte	Bevölkerung	Prozent der gesamten Bevölkerung
1864	115	367 744	21,03
1867	130	408 367	22,96
1871	207	560 571	30,83
1875	238	664 768	35,33
1880	295	798 948	40,43
1885	297	829 688	41,58
1890	321	907 030	44,54

Ueber die Benützung der Bahn von seiten dieser »Anlieger« giebt uns folgende Tabelle Aufschluss:

Jahr	Eisenbahnanlieger	Auf 1 Eisenbahnanlieger
1850	170 000	9,04
1860	305 759	9,74
1870	560 571	11,51
1880	798 948	12,67
1890	907 030	14,89

Die vergleichende Betrachtung dieser drei Tabellen ist von grossem Interesse. Wir entnehmen ihnen zunächst die Thatsache, dass im Jahre 1850 jeder Württemberger durchschnittlich 1,01 mal jährlich auf der Bahn gefahren ist, während er heute 6,63 mal fährt. Die Zahl hat sich also im Laufe der letzten 40 Jahre ungefähr versiebenfacht. Ganz anders liegt die Sache bei den »Eisenbahnanliegern«. Von 9,04 im Jahre 1850 steigt die Zahl auf 14,89 im Jahre 1890, d. h. dort eine siebenfache, hier eine halbfache Steigerung. Damit nicht genug. Unter den »Eisenbahnanliegern« giebt es eine Kategorie von Personen, welche die Bahn ausserordentlich intensiv benützen — gewisse Arbeiter der Grossindustrie. Die bezüglichen Ziffern sind überraschend gross:

Jahr	Zahl der Personen mit Arbeiterfahrkarten
1886/87	1 238 772
1887/88	1 611 216
1888/89	1 854 612
1889/90	2 281 548
1893/94	3 798 804

Es ist einleuchtend, dass die Verkehrsziffer der »Eisenbahnanlieger« durch diesen besonderen Zuwachs noch erheblich gesteigert wird, dass demgemäss die bezügliche Zahl 14,89 der gesamten Anlieger noch viel zu hoch ist. Wir haben also hier den zahlenmässigen Beweis, dass sich die Benützung der Bahn von seiten der anliegenden Bevölkerung im Laufe der letzten 40 Jahre kaum nennenswert gehoben hat. Und hieraus wieder folgt mit mathematischer Gewissheit, dass unsere Eisenbahnpolitik den lebendigen Verkehr bis jetzt nur in die Breite, aber nicht in die Tiefe des Volkskörpers hinein zu erfassen wusste. Mit anderen Worten: Die Eisenbahn wird noch heute wie am ersten Tag von einer verhältnismässig beschränkten Anzahl Menschen regelmässig benützt. Das Volk im grossen und ganzen steht ihr fremd gegenüber. Die derzeitigen Einnahmen derselben stammen aus der Tasche eines geringfügigen Prozentsatzes der Bevölkerung.

Nun ist es eine sehr beachtenswerte Thatsache, dass die durchschnittliche Grösse der einzelnen Fahrt trotz der Erweiterung des Bahnnetzes und der leichten Möglichkeit, nunmehr in alle Ferne zu schweifen, relativ gering und namentlich sehr konstant geblieben ist. Sie schwankt zwischen 21 km im Jahr 1850 und 25 km im Jahr 1861. Heute beträgt sie ungefähr 22 km. Daraus ersehen wir, dass schon heute der Nahverkehr finanziell durchschlagend ist. Und nun denke man sich eine Massregel, die, wie unsere Organisationsvorschläge, mit einemmal durch Vereinfachung, Verbilligung und Anpassung an die realen Verkehrsinteressen den Prozentsatz der thatsächlichen Eisenbahnbenützer enorm in die Höhe schnellen müsste! Liegt es nicht auf der flachen Hand, dass auf diese Weise Millionen über Millionen in die Eisenbahnkasse fliessen würden? Und dies um so mehr, weil diese A u s g a b e von seiten des Volkes keine Vergeudung, sondern im Gegenteil einen ausserordentlichen G e w i n n an Zeit und Kraft, d. h. eine Erhöhung und Steigerung der Produktivkraft überhaupt bedeuten würde.

Wir wissen sehr wohl, dass Verkehrswissenschaft und Volkswirtschaft zwei Dinge sind, die in der bisherigen Eisenbahnpolitik nicht den ihnen gebührenden Rang einnehmen. Eine Verwaltung, die jedem Passagier der I. Klasse 16, der II. Klasse 8, der III. Klasse 4 leere Sitze zur Verfügung stellt und sich darüber wundert, dass die Rente immer mehr zurückgeht, m u s s ihre Gründe anderswo herholen. Wir verzichten darauf, sie mit ausschliesslich verkehrswissenschaftlichen und sozialpolitischen Erwägungen zu gewinnen. Statt dessen wollen wir versuchen, Zahlen sprechen zu lassen: Die N a h v e r k e h r z o n e C r a i l s h e i m, von der wir vorstehend ein Schema entworfen haben, umfasst, wenn wir den Massstab von L o s c h anlegen, etwa 35000 Seelen als »Eisenbahnanlieger«. Die durchschnittliche Verkehrsziffer des Landes für die letzteren ist, wie wir oben gesehen haben, 15, was also einen m u t m a s s l i c h e n Verkehr von 525000 Personen ergeben würde. Merkwürdiger Weise stimmt der t h a t s ä c h l i c h e Verkehr der Zone, wie er schon jetzt vorliegt, hiemit nahezu überein. Auf sämtlichen zwölf Stationen derselben verkehrten im Berichtsjahr 1893/94 im Ganzen 512 776 Personen, ein Beweis beiläufig, dass in Crailsheim und Umgebung gewissermassen typische Verhältnisse für unser ganzes Eisenbahnverkehrswesen vorliegen. Nun zeigt uns die unmittelbare Beobachtung, das etwa 10 Proz. der Bevölkerung die Bahn regelmässig, 40 Proz. nur ganz gelegentlich und 50 Proz. so gut wie gar nicht benützen. Wir zweifeln deshalb keinen Augenblick, dass bei zweckentsprechender Organisation sich der Verkehr sehr leicht auf das zehnfache steigern liesse. Die erste Gruppe würde mit der Reform zu einer intensiveren, die zweite und dritte zu einer regelmässigen Benützung veranlasst werden. Nimmt man nun, weil es sich in erster Linie um den Nahverkehr handelt, als Durchschnittsgrösse der Einzelfahrt statt 22 km nur 10 km und als Preis, der hiefür bezahlt wird, wiederum den niedersten Satz, d. h. 10 Pf. an, so würde sich für die Nahverkehrzone Crailsheim eine Brutto-Einnahme von über 500000 M. ergeben. Die heutige Einnahme an den zwölf Stationen der Zone beträgt 548 148 M., denen eine Ausgabe von 122 742 M. gegenübersteht.

Ob die Organisation des Nahverkehrs, wie wir sie erstreben, an den grossen Verkehrszentren wie Stuttgart, Ulm und Heilbronn unter den heutigen Verhältnissen möglich sein würde, ist eine technische Frage, über die wir uns kein Urteil anmassen. Früher oder später wird auch an diesen Plätzen unser Prinzip, die radikale Trennung von Nah- und Fernverkehr, zum Durchbruch gelangen. Eine Nahverkehrbahn für Stuttgart und Umgebung ist schon heute eine Notwendigkeit. Dann ist hoffentlich auch die Zeit nicht ferne, wo man aufhören wird, die Bahnhöfe, wie gothische Kirchen für die Ewigkeit zu bauen und das flüssigste Element der Gesellschaft, das es giebt, den Verkehr in steinerne Quader von unermesslicher Dauer zu bannen, die man nach ein paar Jahren wieder »entlasten« muss! So viel aber steht unzweifelhaft fest, dass es schon heute 20, 30, 50 und mehr Plätze im Lande giebt, wo das System der »Nahverkehrzone«, wie wir es für Crailsheim schematisiert haben, sofort in Wirksamkeit treten könnte. Wir wären herzlich dankbar und würden Lobeshymnen auf die Verwaltung anstimmen, wenn erst an ein paar Plätzen der Versuch gemacht würde. Ist es noch nötig, den Beweis zu führen, dass die Hunderttausende, die in jeder Zone auf diese Weise zu holen sind, insgesamt eine ganz erkleckliche Zahl von Millionen ergeben würden? Niemand, der mit offenem Blick auf das grosse Ganze sieht und unser Volk in seinem Leben und Treiben kennt, kann zweifeln, dass für die Reform eine gewaltige Kundschaft bereit steht, deren Zehnpfennigstücke binnen Kurzem die leeren Kassen füllen und die eben damit ihre eigene produktive Kraft ausserordentlich steigern würde.

Das Geheimnis für jeden Erfolg im Verkehrswesen liegt in der Kunst, möglichst grosse Massen in Mitleidenschaft zu ziehen. Das Grosse überhaupt besteht aus lauter kleinsten Teilen. Die Geologen wissen sehr gut, dass die mächtigsten Gebirge der Erde aus den Resten kleinster Lebewesen zusammengesetzt sind; die Finanzpolitiker, die Zoll- und die Steuerbeamten wissen noch besser, wie ihre Vorliebe für die indirekte Steuer beweist, dass überhaupt nur die Steuer etwas einträgt, welche sich an die Masse wendet.

Warum verschliesst sich unsere Eisenbahnverwaltung dieser geologisch-, finanzpolitisch-, zoll- und steuertechnischen Weisheit? Mit den Zwanzigmarkstücken der Landeskarten wird sie ihre leeren Kassen nie füllen, aber die Pfennige des Volkes werden Unsummen abwerfen.

VII. Das Prinzip des Eisenbahntarifs.

Wenn man an die P o s t das Ansinnen stellen wollte, für denjenigen, der sie mehr benützt, als der andere, die Taxen herabzusetzen, so würde jedermann diese Forderung für unvernünftig erklären. Wenn der Kaufmann als »Kaufmann«, der Beamte als »Beamter«, der Arbeiter als »Arbeiter« etc. Vorzugspreise verlangen, wenn jeder unter Berufung auf irgend eine besondere Eigenschaft einen R a b a t t beanspruchen wollte, so wäre ein geregelter Postdienst unmöglich oder, wo heute e i n Beamter ausreicht, würden z e h n nötig sein. Der Tarif der Post beruht auf dem Prinzip, dass für jede gleichwertige Leistung ein für allemal der gleiche Preis bezahlt werden muss, gleichgiltig, ob diese Leistung einmal oder hundertmal gefordert wird. Sehr natürlich! Denn abgesehen davon, dass nur auf diese Weise eine so grossartige Organisation wie die Post einfach, durchsichtig und umfassend aufgebaut werden konnte — es hat ja der Benützer derselben eben mit seinem gesteigerten Gebrauch auch gesteigerte Vorteile. Der Kaufmann, der hundert Geschäftsbriefe zur Post giebt, hat eine zehnfache Gewinnchance gegenüber dem, der nur zehn abliefert; das Handlungshaus, das fünfzig Pakete versendet, ist dem weit über, das nur zehn spedieren kann. Kurz, die intensive Ausnützung des Verkehrsmittels bietet an sich schon so weitgehende Vorteile, dass das Verlangen nach Tarifvergünstigung wegen dieser intensiven Ausnützung nicht nur unverständig, sondern auch ungerecht ist.

Seltsamer Weise scheitert diese Logik bei zahllosen Leuten, sobald es sich um die E i s e n b a h n handelt — und nicht am wenigsten bei der Eisenbahnverwaltung selbst! Auch der Personentarif der Eisenbahn war früher, wie der der Post, ein einheitlicher und enthielt gar keine oder nur sehr geringfügige Ausnahmen.

Heutzutage liegt die Sache wesentlich anders. »Neben dem normalen Personentarif«, sagt Supper [1]) in seiner Denkschrift, »ist im Laufe der Jahre eine grosse Anzahl ermässigter Ausnahmetarife ins Leben getreten, die in der Gegenwart eine solche Bedeutung erlangt haben, dass auf sie die grössere Hälfte der Einnahmen aus dem Personenverkehr entfällt.« Während die Post, auf einem richtigen Prinzip fussend, ihre Tarife durch grosse, breite und umfassende Massregeln immer mehr den Bedürfnissen der Allgemeinheit anzupassen suchte, hat die Eisenbahn das Grundprinzip des gleichen Preises für die gleichwertige Leistung verlassen und sich, von Ausnahme zu Ausnahme schreitend, in ein Labyrinth von Sonderbestimmungen hineingebohrt. Neben dem normalen Personentarif, der bald nur noch eine theoretische Existenz führen wird, sind zur Zeit in Geltung: Rückfahrkarten, Zeit- oder Monatskarten, Schülerzeitkarten, Wochenkarten, feste Rundreisekarten, zusammenstellbare Fahrscheinhefte, Fahrscheinbücher und Landeskarten. Dazu tritt noch eine Reihe von Ausnahmetarifen für gemeinschaftliche Reisen grösserer Gesellschaften, für akademische Ausflüge, für Schüler und Ferienkolonien, im Interesse der öffentlichen Krankenpflege, für mittellose Kranke, Blinde, Taubstumme, Waisen u. s. f. Nun ist es selbstverständlich in unserer reflexionsreichen Zeit keine schwere Aufgabe, für jeden dieser Ausnahmetarife einen »guten Grund« aufzufinden, und thatsächlich heimst die Eisenbahnverwaltung bei jedem neuen derartigen Schritte zahlreiche Lobsprüche ein. Allein es fordert wenig Ueberlegung, um zu verstehen, dass eben die Vielheit dieser Massregeln und die Mannigfaltigkeit der Vergünstigungen der sicherste Beweis dafür ist, dass die Verwaltung auf prinzipiell falscher Bahn vorwärts schreitet!

In der That! Unter allen diesen Ausnahmetarifen ist — von der besonderen Begünstigung Unterstützungsbedürftiger abgesehen; eine Frage, die zur Armenpflege gehört — kein einziger, der einer kritischen Betrachtung gegenüber Stand hält. Sogar die billigere Rückfahrkarte ist, bei Licht betrachtet, ein wirtschaftlicher Unsinn. Warum ich für eine einfache Eisenbahnfahrt von 20 km Entfernung mehr bezahlen soll, als für eine Hin- und Rückfahrt von je 10 km, wird kein Philosoph je ergründen. Eher liesse sich das Umgekehrte rechtfertigen. Warum mein zufälliger Beruf

---
[1] Supper, Dr. jur. Die Entwicklung des Eisenbahnwesens im Königreich Württemberg. Stuttgart 1895.

als Geschäftsreisender, der gestattet, eine Landeskarte zu lösen, mir das Recht giebt, den Kilometer für 1 oder 2 Pfennig zu fahren, wo jeder andere Sterbliche das doppelte und dreifache bezahlen muss, ist ebensowenig begreiflich u. s. w. Kurz, was die Eisenbahnverwaltung von ihrem Gesichtspunkte aus Tariferleichterung oder Reform nennt, ist vom Gesichtspunkte der Allgemeinheit d. h. des Volkes aus, nichts anderes als einseitige Begünstigung, Sondervorteil, Privilegium. Auch die massenhafteste Anhäufung solcher Gnadengaben, kann über die Thatsache nicht hinwegtäuschen, dass dieser Weg ein verkehrter ist und dass alle derartigen Mittel zur Besserung unserer Eisenbahnverhältnisse fruchtlos sein müssen.

Aus diesem Chaos oder Labyrinth heraus giebt es nur einen Weg — die Umkehr, d. h. der vollständige Bruch mit diesem ganzen System von Sonderbestimmungen und die Rückkehr zu dem einfachen Prinzip des gleichen Preises für die gleichwertige Leistung, dem auch die Post ihre Blüte verdankt. In dem Drängen des Publikums nach billigeren Personentarifen kommen natürlich stets mehr oder weniger egoistische Wünsche zum Ausdruck. Diese Wünsche stammen zudem fast ausschliesslich aus Kreisen, welche die Bahn schon heute intensiv ausnützen. So lange die Verwaltung diesen Sonderwünschen nachgiebt, statt sie zu verallgemeinern und die Konsequenzen aus dieser Verallgemeinerung zu ziehen, ist sie auf unrichtigem Wege. Erst mit der Annahme jenes richtigen Prinzips öffnet sich die Pforte, durch die das ganze Volk eintreten kann, um das gewaltigste Verkehrsmittel des Jahrhunderts zu benützen und sich seine Vorteile zu eigen zu machen. Erst mit ihm werden sich die Erträge der Eisenbahn und zwar ins Ungemessene steigern. Dann können zahlreiche Wünsche des Volkes, von denen die Beseitigung des Umgelds noch einer der kleinsten ist, sofort in Erfüllung gehen!

Der einzige Schritt, der bei den deutschen Eisenbahnverwaltungen auf eine Umkehr und auf den Bruch mit dem bisherigen System hinweist, ist trotz seiner verkehrstechnischen Unvollkommenheiten das badische Kilometerheft, auf das wir vor kurzem hingewiesen haben. Die zwei prinzipiellen Mängel, die ihm noch anhaften und die sehr leicht zu beseitigen wären, sind: erstens die Notwendigkeit der Bezahlung einer einmaligen grösseren Summe, da die Hefte nur auf 1000 km lauten, d. h. das Privile-

gium des Geldsacks; zweitens die Kleinheit des Grundmasses von
1 statt von 10 Kilometern, d. h. eines der zahlreichen Ueberbleibsel
der alten Postkutsche, das vor allem beseitigt werden sollte. Im
übrigen fusst es auf dem Prinzip des gleichen Preises für die
gleichwertige Leistung, Grund genug, um dem badischen Minister
v. Brauer schon heute die Anerkennung und den Dank der
Verständigen und zwar für alle Zeiten zu sichern. Da unsere
Eisenbahnverwaltung, wie jüngst zu lesen war, nur an gewissen
Umständlichkeiten in der Behandlung dieser Kilometerhefte An-
stoss nimmt, für ihr Prinzip aber sich zu interessieren scheint, so
möchten wir wünschen, dass bei einem eventuellen ersten Schritt
in der neuen Richtung mit diesen Umständlichkeiten auch zugleich
die eben erwähnten prinzipiellen Mängel abbestellt würden. So
lange wir keine Zehnkilometerkarte für jede Person um
billigen Preis haben, wie wir heute für jeden Brief eine Zehn-
pfennigmarke haben, so lange werden sich unsere Eisenbahnverhältnisse nicht bessern.

VIII. Zur Naturgeschichte des Bummelzugs.

Die Länge des Schienengeleises von Friedrichshafen bis Stuttgart beträgt 198 km. Der Zug, welcher morgens 6 Uhr 12 Min.
vom Gestade des schwäbischen Meeres abfährt, trifft 1 Uhr 53
Minuten in der Residenz ein, hat also eine Fahrzeit von 7 Stunden
41 Minuten. Die durchschnittliche Geschwindigkeit dieses Bummel-
zuges ist ungefähr 26 km pro Stunde oder 1 km pro 2,3 Minuten,
d. i. die Schnelligkeit eines gewandten Radfahrers. Wir wollen
die Frage unerörtert lassen, ob ein Zeitaufwand von 8 Stunden
für eine Entfernung von 200 km den Bedürfnissen des modernen
Verkehrs angemessen ist. Wichtiger als diese Frage scheint uns
zunächst eine kurze Untersuchung darüber, ob und inwiefern ein
solcher Zug den Verkehrsinteressen überhaupt dient, und was für
Resultate er für das Land und für die Eisenbahn selber zeitigen wird.

Es ist auf den ersten Blick klar, dass für den Geschäftsmann,
der eine grössere Reise vorhat und für den Zeit Geld ist, eine
solche Fahrgelegenheit sehr wenig Wert hat. Er wird sie nur benützen,
wenn er muss. Und ebenso leicht verständlich ist es, dass auch
für die Interessen des Lokalverkehrs, dem die Bummelzüge haupt-

sächlich dienen sollen, auf diese Weise sehr schlecht gesorgt ist. Der Zug basiert nämlich auf der seltsamen Voraussetzung, dass der Lokalverkehr in Friedrichshafen um 6 Uhr, in Biberach um 8½ Uhr, in Ulm um 9½ Uhr, in Göppingen um 12¼ Uhr u. s. w. sich in Bewegung setzen und seine Bedürfnisse befriedigen wird. Nun ist aber der Verkehr weder ein Wesen, das momentanen Eingebungen und Launen folgt, noch ein Ding, dem man ungestraft Gewalt anthun darf. Er hängt auf's innigste mit den wirtschaftlichen Lebensgewohnheiten der betreffenden Gegenden zusammen, ja, er wächst sozusagen aus ihnen heraus. Das Volk hat ein richtiges Verständnis für diese Thatsache und nennt deshalb den Zug, der seinen Verkehrsinteressen entspricht, »geschickt« und den anderen, der dies nicht thut, »ungeschickt«. Vom Letzteren macht es nur in Notfällen Gebrauch. Die Verwaltung unserer Eisenbahn verkennt diese Grundthatsache, da sie, wie oben gesagt wurde, annimmt, dass an jeder passierten Station der Verkehr die von ihr bestimmte Stunde wählen wird. Wenn dann der eigensinnige Verkehr dies n i c h t thut und aus diesen und einigen anderen Gründen die Wagen leer vorüberrollen, so ersucht man höflich, »den Verkehr zu schaffen,« als ob sich etwas, das aus den Eingeweiden der Gesellschaft herauswächst, nur so aus dem Aermel schütteln liesse.

Der Reisende, welcher von Friedrichshafen nach Stuttgart fährt, hat, da jede auf der Bahn zugebrachte Stunde für ihn verlorene Zeit ist, nur das eine Interesse, möglichst rasch am Ziele zu sein. Wenn man den Massstab der alten Postkutsche anlegt, so ist die Fahrzeit von bloss acht Stunden gewiss eine grosse Errungenschaft; auf der heutigen Höhe des Eisenbahnbetriebs, wo die doppelte, ja dreifache Schnelligkeit leicht zu erreichen ist, gilt das Gegenteil. Der Bummelzug ist und bleibt für diesen Reisenden ein trauriger Notbehelf. Für eine Person, welche unseren Zug nur auf kurze Entfernung benützen will, kommen dagegen wesentlich andere Gesichtspunkte in Betracht. Für sie tritt die Raschheit der Beförderung in den Hintergrund, dagegen ist die Bequemlichkeit, also in erster Linie die passende Zeit ausschlaggebend. Ob man 30 oder 45 Minuten zu fahren hat, verschlägt nicht viel; ob man aber drei, vier und mehr Stunden aufwenden muss für eine Sache, die sich in einer halben Stunde erledigen lässt; ob man so und so lange auf der faulen Haut liegen und warten muss, bis uns wieder ein anderer Bummelzug zurückbringt, ist von der grössten Wichtigkeit. Auch die Tageszeit, die Geschäftszeit und eine Menge kleiner Nebenumstände wird für unsere Entschliessung, ob wir die Bahn benützen sollen oder nicht, massgebend sein.

An der ganzen 198 km langen Strecke, die unser Zug befährt, liegen nicht weniger als n e u n mehr oder weniger bedeutende V e r k e h r s z e n t r e n — Friedrichshafen, Ravensburg, Aulendorf, Biberach, Ulm, Geisslingen, Göppingen, Plochingen, Esslingen, Stuttgart. Jeder dieser Plätze ist der natürliche und wirtschaftliche Mittelpunkt eines N a h v e r k e h r s, von dessen Existenz unser Bummelzug keine Notiz nimmt. Das Charakteristische dieses jeweiligen Nahverkehrs ist seine g ä n z l i c h e U n a b h ä n g i g k e i t. Der Nahverkehr von Friedrichshafen hat mit dem von Biberach, der Nahverkehr von Ulm hat mit dem von Göppingen u. s. w. nicht das Geringste zu thun. Trotzdem subsummiert unser Bummelzug ein einheitliches Verkehrsinteresse für alle diese Plätze und ist noch höchlich erstaunt, wenn kein Mensch mit ihm fahren will. Für den Fernverkehr ist er unbrauchbar, weil die Leute, welche halbe und ganze Tage zu verschleudern haben, immer seltener werden; für den Nahverkehr ist er unbrauchbar, weil er auf die lokalen Interessen und Verkehrsbedürfnisse keinerlei Rücksicht nimmt. Kurz, dem Nahverkehr kann er nicht dienen, weil er dem Fernverkehr, und dem Fernverkehr nicht, weil er dem Nahverkehr dienen soll. Da ergeben sich denn, und zwar nicht bloss auf der Hauptbahn, die unglaublichsten Zustände. Der Abgeordnete S t o r z hat bei der Etatsberatung ein drastisches Beispiel für die drei bedeutenden Industrie-Zentren Tuttlingen-Ebingen-Balingen angeführt. Trotzdem Tuttlingen von Balingen nur 78 km und von Ebingen nur 65 km entfernt ist, besteht keine Möglichkeit für die erstere Stadt, von ihr aus an einem Tage hin- und herzukommen.

Der Krebsschaden unseres ganzen Bahnbetriebs ist der Umstand, dass zwei gänzlich verschiedene und von einander unabhängige Dinge, der Fernverkehr und der Nahverkehr, über einen Kamm geschoren werden; eine Gesundung ist also erst dann möglich, wenn mit diesem System definitiv gebrochen und der Betrieb auf eine rationelle Verkehrsbasis gestellt wird. Hiezu ist vor allem nötig, dass der Fernverkehr ausschliesslich mit Schnellzügen bewältigt und dass der Nahverkehr in seiner Selbständigkeit erfasst wird. An der Strecke Friedrichshafen-Stuttgart liegen neun gänzlich verschiedene und von einander unabhängige Verkehrszentren. Man trage also den natürlichen und wirtschaftlichen Verhältnissen

Rechnung und erhebe jeden dieser neun Plätze zum Mittelpunkte eines selbständigen Lokalverkehrs, der sich um so besser und zweckmässiger organisieren lässt, je unabhängiger er nach jeder Richtung gestellt wird. Man schaffe ebenso viele Nahverkehrzonen, innerhalb welcher die weitest gehende Rücksichtnahme auf die Interessen der Bevölkerung und auf die der Eisenbahn sich naturgemäss von selber entwickeln wird. Je mehr sich eine solche Organisation des Nahverkehrs den gegebenen wirtschaftlichen Bedingungen anschmiegt, um so grösser wird ihr Nutzeffekt, um so grösser werden auch die Erträgnisse der Bahn werden. Das einzige Band, welches den Nahverkehr mit dem Fernverkehr in Beziehung setzen darf, ist die selbstverständliche Rücksichtnahme auf die Haltestellen der Schnellzüge. Man muss natürlich auch aus der Zone des Nahverkehrs immer auf die möglichst einfache Weise den Schnellzug erreichen können.

Eine derartige Reform, wie wir sie hier vorschlagen, muss von selbst eine ganze Reihe anderer Reformen nach sich ziehen. Wir erwähnen beiläufig die Tarifreform. Der so dankenswerte Schritt der Verwaltung mit der Einführung der Landeskarten berechtigt zu der Hoffnung, dass man höheren Orts gesonnen ist, mit dem bisherigen Tarifsystem zu brechen und die Bahn des gesunden Fortschritts zu betreten. Was bis vor Kurzem unerreichbar schien, ist uns jetzt in den Bereich der Möglichkeit, vielleicht der Wahrscheinlichkeit gerückt. Dass ohne Vereinfachung und weitgehende Verbilligung der Tarife schliesslich jede, auch die an sich zweckmässigste Reform der Eisenbahn scheitern muss, braucht heute nicht mehr bewiesen zu werden. Die Organisation des Nahverkehrs wird deshalb einen besonderen Tarif unfehlbar nach sich ziehen. Nun lehren die Erfahrungen anderer Länder und der Beförderungsmittel aller Art, dass die wirtschaftlichen und pekuniären Erfolge um so bedeutender sind, je einheitlicher und billiger die Tarifsätze gestellt werden. Auf diese Erfahrung und auf eine Reihe anderer Erwägungen fussend würden wir einen einheitlichen Tarifsatz für den Nahverkehr von 10 Pf. (für je 10 km) für durchaus angezeigt halten. Es fehlt nicht an Leuten, welche eine solche Forderung für exorbitant halten. Gleichwohl dürfte sehr leicht der rechnungsmässige Beweis zu führen sein, dass beispielsweise die neue Landeskarte von 20 M. eine viel weitergehende Verbilligung des Tarifs involviert, als dies bei einer Zehnpfennigtaxe für den Nahverkehr der Fall wäre. Was also für die Herrn Geschäftsreisenden und für die Herrn Beamten im Urlaub recht ist, wird auch für das ganze arbeitsame, fleissige und sparsame Volk in Stadt und Land billig sein.

Ehe die Verwaltung diesen und ähnlichen Erwägungen stattgiebt, wollen wir uns das Eine recht gründlich einprägen, dass der Bummelzug, d. h. jeder gewöhnliche Personenzug auf grössere Entfernung, verkehrstechnisch gesprochen, ein Unding, naturgeschichtlich betrachtet, weder Fisch noch Fleisch ist. Zoologisch könnte man ihn in die Klasse der Kriechtiere einreihen, mit denen er auch das gemeinsam hat, dass er auf Jedermann höchst abstossend wirkt. Er ist ein unglückseliges Zwittergeschöpf, das nicht stehen und nicht gehen, nicht schwimmen und nicht fliegen kann, dessen Fütterung aber, wie unser Budget ausweist, entsetzlich viel Geld kostet.

IX. Eisenbahnschmerzen.

Jeder Bezirk im Lande will seine Eisenbahn. Das ist sehr gut zu begreifen. Im Volke dämmert allmählich das Verständnis herauf, dass die Eisenbahnen mit der Entwicklung der wirtschaftlichen Kräfte überhaupt in engstem Zusammenhange stehen. Das Eigenartige des gegenwärtigen Eisenbahnfiebers liegt aber darin, dass es auf Gegenden übergreift, in denen bis vor wenigen Jahren noch kein Mensch an eine Bahn zu denken wagte und dass es in einer Zeit auftritt, wo die bereits bestehenden Bahnen des Landes die denkbar schlechtesten finanziellen Resultate aufweisen. Die falsche Richtung unserer bisherigen Eisenbahnpolitik wirkt ansteckend und hat es, von den schweren materiellen Schädigungen des Volkskörpers ganz abgesehen, fertig gebracht, sogar die öffentliche Meinung so zu verwirren, dass das wirtschaftliche Verantwortungsgefühl für alle die Eisenbahnen betreffenden Fragen bis in tiefe Volksschichten hinein fast erloschen ist. Man will eine Eisenbahn aus dem zureichenden Grunde, weil der andere auch eine hat. Dieser brüsken Thatsache gegenüber verschwinden alle übrigen Gesichtspunkte.

Eine einfache Erwägung beseitigt zunächst alle übertriebenen Vorstellungen, die sich in den eisenbahnlosen Bezirken so gerne an die Errichtung dieses gewaltigen Transportmittels knüpfen: die allgemeine wirtschaftliche Depression ist auch in den mit Bahnen reich gesegneten Bezirken um nichts geringer, als in den Gegenden, welche ohne Bahnen sind. Die Behauptung, dass mit der Einführung der Bahn auch das wirtschaftliche Leben sich heben werde, ist in dieser allgemeinen Fassung eitel Schwindel. Es zeigt sich vielmehr bei näherem Zusehen deutlich, dass es immer nur ein beschränkter Kreis ganz bestimmter Personen des jeweiligen Bezirkes ist, für den sich mutmasslich kleinere oder grössere Vorteile aus dem neuen Institute ergeben werden. Man kann die Leute oft an den Fingern herzählen. Es sind meist dieselben, die überhaupt im öffentlichen Leben das grosse Wort führen und, sei es durch die Presse, sei es durch ihre persönlichen Beziehungen zu einflussreichen Kreisen den Schein vortäuschen können, als ob sie das Volk repräsentieren. Die Geheimgeschichte der Entwicklung unseres Eisenbahnnetzes ist noch nicht geschrieben. Das Meiste bleibt vermutlich begraben; aber einiges ist wohl aufbewahrt und wird, wenn ein neuer Geist in unser Eisenbahnwesen einzieht, zu Nutz und Frommen und auch zur Erbauung der Gegenwart ans Tageslicht gezogen werden.

Man versteht gemeiniglich nicht, dass selbst in den Gegenden, wo s. Z. mit dem Bau von Eisenbahnen und in direkter Folge hiervon eine enorme Hebung der allgemeinen wirtschaftlichen Lage Platz gegriffen hat, nicht alles Gold gewesen ist, was glänzte. Die Eisenbahn hat überall, wo sie eingeführt wurde, nicht bloss eine mächtige Entwicklung, sondern ebenso auch eine grossartige Verschiebung der Produktivkräfte im Gefolge gehabt. Zahlreiche Interessen wurden gefördert und gehoben; aber zahlreiche Interessen wurden auch zu Boden gedrückt und zermalmt. Der Ruhm der ersteren wurde und wird in allen Tonarten gepriesen; das Los der letzteren deckte und deckt teilnahmloses Schweigen. Eine Eisenbahnpolitik im höheren Sinne des Worts d. h. eine zielbewusste Leitung dieses mächtigen Institutes in der Richtung einer ausgleichenden Abwägung aller das Volk in seiner Gesamtheit berührenden wirtschaftlichen Interessen hat es in unserem Lande, trotzdem von Anfang an der richtige Weg des Staatsbahnsystems eingeschlagen worden ist, nie gegeben. Die Eisenbahn ist gewachsen, wie der Krystall aus der Salzlösung, durch Apposition immer neuer Teile; aber der Geist, der ihr hätte wahrhaftes Leben einhauchen und sie zu einem befreienden, wohlthätigen Institute hätte machen können, ist ihr stets ferne geblieben. Der wahre Leiter unserer Eisenbahnpolitik ist deshalb bis zur Stunde der Kapitalismus, während der nominelle Leiter, d. h. der Staat, sein gefügiger Diener ist. Aber die Aussaugungsfähigkeit unseres kleinen Landes hat ihre Grenze, und wir nähern uns bereits immer bedenklicher dem Punkte, wo der wirtschaftliche Zusammenbruch unvermeidbar und die Gesundung aller Verhältnisse nur durch die zielbewusste Umkehr auf dem bisherigen Wege zu erreichen ist.

Das sollten sich in erster Linie auch d i e Bezirke gesagt sein lassen, welche heute von E i s e n b a h n s c h m e r z e n heimgesucht sind. Das planlose Bauen immer neuer Schienenwege, indes der Betrieb der alten längst ganz unrentabel geworden ist, streift von volkswirtschaftlichem Standpunkte aus an Wahnsinn. Die Eisenbahn, so wie sie heute ist, kann keinem Bezirke Segen bringen. Sie dient dem Grosskapital als Einbruchspforte, schüttet einer handvoll Leute Reichtümer in den Schoss und entfesselt in Industrie, Handel und namentlich in der Landwirtschaft eine Konkurrenz, in welcher Mittel- und Arbeiterstand schon von vornherein dem Untergange geweiht sind. Alle V o r t e i l e einer solchen Bahn fallen dem Kapital, alle N a c h t e i l e den produzierenden Schichten des Volkes zu. An irgend welche Rentabilität oder gar an die Amortisation des investierten Kapitals ist nicht zu denken; die Eisenbahnschuld wächst immer mehr und das neue Institut, angeblich bestimmt, die wirtschaftlichen Kräfte zu entwickeln, ist nur mehr dazu da, auf ihre Kosten zu leben und sich mittelst der Steuer von ihnen verhalten zu lassen. Wir kennen keine hässlichere Frucht des wirtschaftlichen Unverstandes unserer Tage, als dass sich hohe Beamte dazu hergeben, dieses thörichte Eisenbahnfieber im Volke noch zu schüren und unter Verkennung der ganzen wirtschaftlichen Lage und unter dem Appell an die falsch verstandenen Sonderinteressen der Bezirke die Lorbeeren persönlicher Eitelkeit und Wichtigthuerei einzuheimsen.

Aus alledem folgt, dass an einer r a t i o n e l l e n E i s e n b a h n r e f o r m , welche dieses gewaltige Institut erst seiner wahren Bestimmung anheimgeben kann, in erster Linie auch diejenigen Bezirke ganz wesentlich interessiert sind, welche zur Zeit noch keine Schienenwege haben. So lange der Betrieb unserer Staatsbahnen jeder wirtschaftlichen Grundlage ermangelt und darauf angewiesen ist, von den Almosen des Steuersäckels zu leben, kann jede neue Bahn dem Lande und dem Bezirke nur Unsegen bringen. Davon reden die Schmeichler der Menge und die Schönfärber nicht. Deshalb ist es am Volke, hier Wandel zu schaffen. Ist erst einmal die Basis einer gesunden Reform geschaffen, so ergiebt sich die Erweiterung unseres Eisenbahnnetzes und die Erfüllung alter und neuer Eisenbahnwünsche von selbst. Dann wird sich das wirtschaftliche Solidaritätsgefühl, welches die Schwaben trotz alledem sich als Glieder eines Stammes fühlen lässt, mächtig genug erweisen, um gegebenen Falles auch Opfer zu bringen und selbst solchen Bezirken zur Schaffung der modernen Verkehrswege unter die Arme zu greifen, deren wirtschaftliche Entwicklung, aus was für Gründen immer, noch eine zurückgebliebene ist. Dann, aber nur dann kann die Eisenbahn segensreich wirken und die allseitige Hebung der wirtschaftlichen Kräfte des Landes mächtig beeinflussen. Ohne diese Reform ist jeder Kilometer neuer Schienenwege ein Pfahl weiter im Fleische des Volkskörpers und für die Besserung der allgemeinen ökonomischen Verhältnisse ohne jeden Wert.

X. Strassen und Eisenbahnen.

Nach den Ansätzen des neuen Etats sind für Korrektionen und Neubauten an Staatsstrassen 2587875 M., an Gemeinde- und Amtskorporationsstrassen 4201778 M. in Rechnung genommen. Nach dem bisherigen Durchschnitt werden sich die Staatsbeiträge zu den letzteren auf etwa ein Dritteil, d. h. rund 1400000 M., belaufen. Sonach beträgt der Gesamtaufwand der Staatsregierung für Strassenbauten im gegenwärtigen Etatsjahr voraussichtlich ungefähr vier Millionen Mark, ein schönes Stück Geld, von dem wir nur wünschen, dass es möglichst rationell verausgabt und nutzbringend verwendet werden möge.

Es liegt uns ferne, die Notwendigkeit und Nützlichkeit guter Strassen irgendwie in Zweifel ziehen zu wollen. Es ist uns wohl bekannt, dass namentlich die Gemeindestrassen in vielen Teilen des Landes noch ausserordentlich viel zu wünschen übrig lassen. Durch die allmähliche Uebernahme derselben auf die Amtskorporationen hat sich schon manches gebessert und wird sich voraussichtlich noch manches bessern. Aber trotz alledem will es uns scheinen, als ob die Millionen, die alljährlich in den Boden hineingestampft werden, zu dem reellen Nutzen, den sie schaffen, nicht im richtigen Verhältnis stehen. Erwägt man, dass nach einer oberflächlichen Schätzung etwa sieben Achtel der Korrektionen und Neubauten von Strassen dem Lande, im Gegensatz zu den Städten mit ihren Eisenbahnen, zu gute kommen, also recht eigentlich zum Nutzen und zur Hebung der Landwirtschaft bestimmt sind, so leuchtet sofort ein, dass auch bei einer geradezu idealen Beschaffenheit der Strassen der Unterschied in der Verkehrsbewegung zwischen Stadt und Land immer noch ein ungeheurer wäre. Eine Durchschnittsfracht von 25 Zentnern auf eine Durchnittsentfernung von 20 km wird auch dann noch einschliesslich des Fuhrmanns, der Abnützung an Pferden und Wagen, der Verzehrung u. s. w. auf mindestens 8 M. zu stehen kommen. Eine Reise zum Amt, zum Gericht, zum Arzt, zum Apotheker, zum Kaufmann, zum Handwerker, zum Viehhändler u. s. w., von den hundert anderen Veranlassungen, die den Landmann in Bewegung setzen, abgesehen, wird auch dann noch fast einen ganzen Tag Zeit in Anspruch nehmen, so dass man durchschnittlich für eine Familie wöchentlich einen verlorenen Arbeitstag rechnen kann. Kurz, der ganze Güter- und Personenverkehr unserer Landwirtschaft bewegt sich noch heute mit einer Langsamkeit, Schwerfälligkeit und Kostspieligkeit, die zu den Mitteln der modernen Verkehrstechnik in schreiendem Gegensatze stehen. Die allseitige Verbesserung der Strassen wird zwar da und dort Missstände beseitigen und Erleichterung schaffen, an jenem Grundfehler aber vermag sie nichts zu ändern.

Wie ist da zu helfen? Ganz einfach dadurch, dass man die Landwirtschaft treibenden Bezirke in den Stand setzt, sich schrittweise die Mittel der modernen Verkehrstechnik in der Form anzueignen, wie sie für ihre Verhältnisse passt. Unser Vorschlag geht also dahin, einen Teil der enormen Summen, welche jahraus jahrein zur Verbesserung unseres Strassennetzes verausgabt werden, dafür aufzuwenden, die Strassen zu entlasten und den Bau sogenannter Klein-Eisenbahnen anzuregen, ohne welche die Konkurrenzfähigkeit unserer Landwirtschaft auf die Dauer überhaupt nicht mehr aufrecht erhalten werden kann. Dieses Vorgehen ist um so notwendiger, als unsere Eisenbahnverwaltung noch keinerlei Schritte gethan hat, um die bestehenden Grossbahnen wenigstens in etwas den Bedürfnissen der Landwirtschaft anzupassen.

Hören wir, was uns ein Fachmann, der im Bau von Kleinbahnen thätig ist, schreibt: »Wir haben in Pommern vor nun zwei Jahren eine ca. 100 km lange Kleinbahn gebaut, leider in ihrem Oberbau zu schwach; aber seinerzeit vermutete man gar nicht einen derartigen grossen Erfolg, wie er jetzt vorliegt, daher der Fehler der Unterschätzung. Wir glaubten mit drei täglichen Zügen, fünf Maschinen und 140 Güterwagen auskommen zu können, aber schon das zweite Betriebsjahr liess das doppelte rollende Material beschaffen und bis sieben regelmässige Züge einstellen, welchen sich in der Rübenerntezeit noch Sonderzüge anschlossen. Nicht nur dies. Nach dem praktischen Beispiel sind die Pessimisten in Optimisten umgewandelt und wir beginnen jetzt den weiteren Ausbau zunächst von noch 60 Kilometer Strecke und wahrscheinlich im nächsten Jahre eine noch grössere Ausdehnung. Die genannte Kleinbahn ist wie der Schlachterwagen; sie kehrt in jedem Orte ein, nimmt und giebt Personen und Güter auf und ab, genau wie die Pferdebahnen grösserer Städte und fährt mit 20 km stündlicher Geschwindigkeit inkl. Haltezeiten. Die Bahn hatte es zunächst nur mit einfach ackerbautreibender Bevölkerung zu thun, jetzt aber siedeln sich Industrien an, an welche noch vor drei Jahren niemand dachte. Der bestehenden Zuckerfabrik wird bald eine zweite folgen; eine grosse Kartoffelstärkefabrik ist im Bau; ein Ringofen etablierte sich sofort, ebenso mehrfach Molkereien. Der Steinreichtum der Gegend findet Absatz, ebenso die schlagbaren Hölzer. Das alles schaffte die Kleinbahn aus dem Nichts.«

Es unterliegt für uns nicht dem geringsten Zweifel, dass von dem Augenblicke an, wo unsere Eisenbahnpolitik in die Bahnen einer gesunden Reform einlenkt, die Notwendigkeit und Nützlichkeit von Kleinbahnen als Ergänzung der Grossbahnen sich so gebieterisch dem öffentlichen Bewusstsein aufdrängen würde, dass jeder Widerstand unmöglich wird. Leider trifft aber diese Voraussetzung nicht zu. Die Regierung leitet bekanntlich aus den schlechten Resultaten ihrer bisherigen Eisenbahnpolitik seltsamerweise das moralische Recht ab, auf dem alten Wege zu beharren. Sie meint in merkwürdiger Verkennung schon der einfachsten psychologischen Erfahrungsthatsachen, dass derjenige, welcher gute Resultate erziele, mit Reformen vorangehen müsse. Unter diesen Umständen wird dem Lande zunächst nichts anderes übrig

bleiben, als von sich aus die Organisation des Kleinverkehrs
— der, beiläufig bemerkt, den Grossverkehr an Masse und
Bedeutung unendlich überragt — zu übernehmen und auf genossenschaftlichem Wege Kleinbahnen ins Leben zu rufen.
Wenn die Regierung Millionen aufwendet, um den Gemeinden
beim Bau von Strassen, die ein durchaus ungenügendes Beförderungsmittel sind, unter die Arme zu greifen, so wird sie sich dem
Ansinnen, einen kleinen Bruchteil dieser Summe zur Förderung
und Entwicklung wahrer Verkehrswege — und das sind die Kleinbahnen — zu verwenden, nicht entziehen können. Ja, es wird sich
bald zeigen, dass die Kleinbahnen später jeder staatlichen Beihilfe
entraten können und Mann's genug sind, um auf eigenen Füssen
zu stehen. Da sie bei uns noch so gut wie unbekannt sind, so
werden wir in Nachstehendem Veranlassung nehmen, unsere Leser
über dieselben aufzuklären. Alle einschlägigen Fragen sollen dabei
ihre Beantwortung finden. So viel dürfte aber schon heute klar
sein, dass die beste, selbst vom Staate geschenkte Chaussee oder
Landstrasse nicht im stande ist, das Verkehrsbedürfnis des heutigen
Tages zu befriedigen, dass sie nicht die Fähigkeit in sich trägt,
den von der Natur stiefmütterlich behandelten Gegenden die Möglichkeit zu bieten, in den Mitbewerb auf dem Weltmarkt einzutreten. Ein Zentner Fracht kommt unsere Landwirte bei einer
Durchschnittsentfernung von 20 km auf rund 30 Pf. zu stehen.
Ein Zentner Getreide von Newyork nach Mannheim geschafft
kostet 30 und, wenn die Frucht als Ballast zur See ging, 20 Pf.
Dabei wundern sich die Leute, dass, wie Herr v. Ow bei der
Adressdebatte sagte, »ein Druck auf den Gemütern der Landwirte
lastet.« Wir meinen: Ist erst einmal der Druck von der Intelligenz unserer Landwirtschaftsdoktoren genommen, so dass sie
gesunden volkswirtschaftlichen Anschauungen zugänglich sind, so
werden auch ihre »Gemüter« bald wieder freier aufatmen.

XI. Die Kleinbahnen.

Der wesentliche Unterschied zwischen Handel und Industrie
einer- und der Landwirtschaft andererseits beruht, was die Entwicklung ihrer produktiven Kräfte betrifft, darin, dass die ersteren
in der Wahl ihres Ortes frei sind, während die letztere hierin un-

frei, d. h. im eigentlichen Sinne des Worts an die Scholle gebunden ist. Von dieser ihrer »Freiheit« machen Handel und Industrie ausgedehnten Gebrauch und wählen nur solche Orte, wo die natürlichen oder künstlichen Bedingungen für ihre freie Entfaltung gegeben sind. Das Meer, der Fluss, der Kanal, die Eisenbahn, oft genug all' dies miteinander, waren und sind die einzigen Plätze, wo Handel und Industrie gedeihen können. Der leichte Verkehr ist für die moderne auf dem Austausch der Produkte beruhende industrielle Wirtschaft absolute Voraussetzung. Wie ganz anders liegen die Verhältnisse bei der an ihre Scholle gebundenen Landwirtschaft! Ein Aufsuchen der Verkehrswege im obigen Sinne ist für sie nicht möglich. Sie bleibt ein- für allemal in ihren Zirkel gebannt: ein Umstand, der ihre Stellung als Konsument und als Produzent gleich nachteilig beeinflusst. Dieses Ausgeschlossensein der Landwirtschaft aus dem grossen Netze des modernen Weltverkehrs ist, beiläufig bemerkt, die Grundursache ihrer ganzen Notlage. Dieser »Grundursache« gegenüber sind alle ihre sog. Klagen und Schmerzen durchaus sekundärer Natur und und lassen sich stets, teils mittelbar, teils unmittelbar, auf dieselbe zurückzuführen.

Das Mittel für die Landwirtschaft, um aus ihrer Isoliertheit herauszukommen und den Anschluss an das Netz des grossen Verkehrs zu gewinnen, ist die Kleinbahn, eine Errungenschaft der Neuzeit, die trotz, ja eben wegen ihrer »Kleinheit« zu sehr grossen Dingen berufen ist. Obwohl sie mit der Grossbahn hinsichtlich ihres Zieles, der Erleichterung des Verkehrs, übereinstimmt, so sind die Ansprüche, die an sie herantreten, und demzufolge ihre Organisation doch von Grund aus verschieden. Wir wollen die wesentlichsten Gesichtspunkte kurz hervorheben.

Da jeder Marktkreis ein für sich abgeschlossenes Verkehrsgebiet bildet, so liegt das Bedürfnis eines einheitlichen Schienengeleises für die Kleinbahnen durchaus nicht vor, vielmehr muss jeder Marktkreis, unter Berücksichtigung seiner Grösse, sowie der Qualität und Quantität seiner Verkehrsgegenstände, für sich erwägen, welches Geleise für ihn das entsprechende ist und welche Zugkraft er zum Betriebe am besten verwenden kann. Während als Normalspur der Grossbahn 1,435 Meter vereinbart ist, sind für die Kleinbahnen drei verschiedene Spurweiten von 60, 75 und 100 Centimetern üblich geworden. Die gerade Richtung der Bahnlinie, dieses stets erstrebte Ziel der Grossbahnen wäre für die Kleinbahnen, die den Verkehr aufsuchen und ihm entgegenkommen sollen, der **grösste Fehler**. Sie wendet sich vielmehr überall links und rechts von der aufzuschliessenden Verkehrsrichtung dorthin, wo grössere Komplexe von Wohnstätten liegen. Das schmale Spurgeleise ermöglicht billige Anschlussgeleise zu den Nachbarortschaften, ja sie gestattet durch verlegbare Geleise aus jedem Gehöft, jedem Forst, jedem Torfmoor ohne Verladung den Verkehr heranzuziehen. Oberbau und Schiene müssen leicht sein und dem geringen Gewichte der Ladungen und Betriebsmittel entsprechen; ebenso müssen die Güterwagen klein und die Personenwagen sehr einfach ausgestattet sein. Die **Zahl der Haltestellen** soll **möglichst gross** sein. Auf den holländischen Kleinbahnen lässt man sogar zwischen den Haltestellen an geeigneten Plätzen Personen ein-- und aussteigen. Die **Tarife** sind **billig**, aber natürlich unter Berücksichtigung der Verkaufsverhältnisse und der Rentabilität der Bahn festzusetzen. Bezüglich der anzuwendenden **Zugkraft** steht die Wahl völlig offen. Auch hier werden die verschiedenen Verhältnisse das entscheidende Wort sprechen.

»Der Kleinverkehr macht,« wie einer der wärmsten Fürsprecher der Kleinbahnen, der oldenburgische Geheimrat v. **Heimburg**, sagt, »seiner ganzen Natur nach gerade die entgegengesetzten Anforderungen an die Anlage und Ausstattung seiner Verkehrsbahnen als der Grossverkehr und es ist daher geradezu unverständlich, wie es Leute geben kann, die nach dem Bau einer Grossbahn schreien, während sie bei der Betrachtung ihrer Verkehrsverhältnisse finden müssen, dass in ihrem Kreise eher 1000 Zentner Kleinverkehrsgüter, als 1 Zentner Grossverkehrsgüter zur Verfrachtung kommen.« Wir müssten uns sehr täuschen, wenn nicht diese Worte auch auf einen grossen Teil der Eisenbahnwünsche in unserem Lande ganz vorzüglich passen sollten! So liegt es beispielsweise auf der flachen Hand, dass die so sehnlich erstrebte Grossbahn von **Blaufelden** über **Gerabronn** nach **Langenburg** in verkehrspolitischer Hinsicht ein Unding wäre, während andererseits nichts rationeller erschiene, als den gewerblich und namentlich landwirtschaftlich so hoch stehenden Gerabronner Bezirk mittelst einer oder mehrerer Kleinbahnen für den Verkehr zu erschliessen.

Was die **Kosten** der Kleinbahnen betrifft, so schwanken sie nach den bisherigen Erfahrungen in anderen Ländern zwischen

7000 und 17 000 M. pro Kilometer inkl. der Betriebsmittel, während 1 Kilometer unserer Grossbahn ein Anlagekapital von 301 424 M. erfordert. Wenn von der enormen Summe von 4 201 778 M., welche im diesjährigen Etat für die Gemeinde- und Amtskorporationsstrassen in Rechnung genommen sind, nur 1 Million zum Bau von Kleinbahnen verwendet würde, so liesse sich eine Bahnstrecke von 100, sage hundert Kilometer erstellen, was denn doch für den Anfang nicht so übel wäre. Der Weg, um die Kosten aufzubringen und die ganze Organisation in die richtigen Wege zu leiten, ist die Gründung von **Bahnbaugenossenschaften** von seiten der beteiligten Gemeinden. Der Staat kann weder als Erbauer noch als Unternehmer in Frage kommen und ebensowenig dürfen solche Institute, welche einzig und allein dem öffentlichen Interesse zu dienen haben, der privaten Ausbeutung überlassen bleiben. In der »Zeitschrift für Transportwesen und Strassenbau« (1893, Nr. 13) spricht sich der Geh. Finanzrat v. Mühlenfels, ein gewiss unverdächtiger Herr, über die letzteren Punkte folgendermassen aus: »Wir wenden uns zu der Erörterung der weiteren Frage, wie am besten das Kleinbahnwesen zu organisieren sein wird, damit das zu erbauende Netz den Anforderungen des Gemeinwohls am besten entspricht. Den nächstliegenden Gedanken, ob nicht der Staat als Besitzer des allgemeinen Eisenbahnnetzes sich der Erbauung und Verwaltung dieses Netzes zu unterziehen habe, weisen wir aus den schon oft erörterten Gründen, welche auch in den Landtagsverhandlungen von allen Seiten anerkannt sind, zurück. Ueberdies haben sich die Regierungsvertreter dort mit solcher Entschiedenheit gegen eine grundsätzliche Ausdehnung des Staatsbetriebs auf die Kleinbahnen ausgesprochen, dass hieran gar nicht zu denken ist. Auch abgesehen davon, dass der Staat für diese Bahnen als Erbauer und Unternehmer nicht geeignet, dass seine Verwaltung zu schwerfällig und kostspielig sein würde, **muss es als eine wahre Wohlthat bezeichnet werden, dass sich in dem Kleinbahnbau endlich einmal wieder dem mit Gemeinsinn verbundenen privaten Unternehmungsgeiste ein weites ergiebiges Feld der Thätigkeit bietet.**« Damit ist nicht gesagt, dass es dem **Staat** verwehrt sein sollte, den Bahnbaugenossenschaften der einzelnen Bezirke namentlich zu Beginn unter die Arme zu greifen und, sei es durch bescheidene Beiträge oder durch Zinsgarantie oder irgendwie sonst, alle mögliche Förderung zuteil werden zu lassen. Es kann sich aber niemals um horrende Summen handeln, die wie heute bei den Strassenbauten à fonds perdu in den Boden gestampft, sondern um eventuelle Vorschüsse, die wieder zurückbezahlt werden. Denn im Gegensatze zu dem heute bei den Vollbahnen beliebten System, mit immer höher anschwellenden Schulden immer mehr unrentable Strecken zu bauen, ist es bei den Kleinbahnen gar nicht anders möglich, als dass sie, sofern sie sich nur den thatsächlichen Verhältnissen richtig anpassen, rentieren müssen.

XII. Eine neue Eisenbahnfahrkarte.

Wir haben schon des Oeftern darauf hingewiesen, in welch' ungenügendem Zustande sich zur Zeit noch das Fahrkartenwesen nicht bloss unserer Staatseisenbahn, sondern der meisten Eisenbahnen überhaupt befindet. Die Einführung der Landeskarten und der Fahrscheinhefte bei uns bezeichnet den ersten schwachen Anlauf zu einer Besserung dieses Zustandes. Die Vorteile dieser Neuerung kommen aber im grossen und ganzen nur wenigen Personen zu gute und vermögen einen nennenswerten Einfluss auf die Erleichterung des Verkehrs im allgemeinen kaum auszuüben. Wenn der Reformeifer unserer Bahnverwaltung hiebei Halt machen und von einem prinzipiellen Anfassen der ganzen Frage Abstand nehmen würde, so wäre so gut wie nichts geschehen und der alte schlimme Zustand bliebe bestehen. Das Lob, welches wir der Verwaltung für ihren ersten Schritt spendeten, galt ganz wesentlich dem neuen Geiste, von dem er getragen war und der uns — ob mit Recht oder mit Unrecht, muss die nahe Zukunft lehren — ein weiteres Fortschreiten in zielbewusster Richtung hoffen liess. Dass mit blossen Einzelmassregeln und wenn sie an sich noch so erwünscht und zweckmässig sind, auf die Dauer nichts Gründliches und Nutzbringendes geschaffen werden kann, ist bei einem Institut von der Bedeutung der Eisenbahn ausser Zweifel.

Seit die Eisenbahnreform in Württemberg immer mehr in den Ideenkreis des Volkes eindringt, seit dieselbe auch von der Volkspartei in ihr Programm aufgenommen und in ebenso klarer als entschiedener Weise formuliert worden ist, macht sich immer deutlicher der Gedanke geltend, dass ein Fortschritt nur dann möglich ist, wenn man von allen vorgefassten Meinungen und Schlagwörtern abstrahiert und sich ausschliesslich auf den Boden der Thatsachen und in den Kreis der Bedürfnisse unseres eigenen Landes stellt. Wir haben die Hauptgesichtspunkte, welche bei der Reform massgebend sein müssen, oft genug erörtert und bis jetzt wenigstens die Genugthuung erhalten, dass noch nicht ein ernstes Wort der Widerlegung gefallen ist. Bei der Bedeutung, die der ganzen Frage überhaupt zukommt, kann von einem Todschweigen nicht mehr die Rede sein. Wir glauben deshalb ohne Selbstüberhebung sagen zu dürfen, dass die Initiative der demokratischen Partei vom ganzen Lande unumwunden gutgeheissen wird. Die Notwendigkeit einer Trennung von Fern- und Nahverkehr, die besondere Entwicklung, ja Schaffung des letzteren hauptsächlich im Interesse der Landwirtschaft, die Verbilligung des Tarifs überhaupt und die Beseitigung aller bureaukratischen Schwerfälligkeiten sind nunmehr dauernde, feste Ziele, scharf formulierte Wünsche, die ins Bewusstsein des Volkes übergegangen sind und mit gleicher Energie nach Verwirklichung ringen, wie auf politischem Gebiet etwa die Beseitigung der Lebenslänglichkeit der Ortsvorsteher oder die Notwendigkeit der Verfassungsrevision.

Wir haben ferner nachgewiesen, dass ein rationeller Kilometertarif, in dessen Einzelheiten wir nicht mehr einzugehen brauchen, für unser Land unter allen Umständen die einzige rationelle Basis des Verkehrs sein kann. In verkehrter und verkappter Form ist er es ja schon heute. Es gilt, sein Prinzip klar und einfach herauszustellen, alle Umständlichkeiten, mit denen es noch heute beschwert ist, abzuschneiden, und die Reform lässt sich von heute auf morgen durchführen, ohne dass die Schulden vorher noch grösser, die Verhältnisse noch verworrener und die Resultate noch schlechter zu werden brauchen. Der einzige Einwand, der bisher gegen den Kilometertarif geltend gemacht wurde, ist der, dass mit ihm die Kontrolle und die strikte Einhaltung der Ordnung im Bahnverkehr erschwert, fast unmöglich sei. Der Kilometertarif bedarf zu seiner Durchführung der Kilometerkarte, einerlei, ob hiebei 1 oder 5 oder 10 km als Grundlage gewählt ist. Der Gebrauch einer solchen Karte muss für das Publikum möglichst einfach, durchsichtig und verständlich, für die Verwaltung aber so beschaffen sein, dass auch ihrerseits die Kontrolle leicht und einfach ist. An zweckmässigen Vorschlägen in dieser Richtung hat es bis jetzt gefehlt. Um so erfreulicher ist es, dass jüngst von Sachsen aus ein Vorschlag [1]) gemacht wurde, der allen billigen Anforderungen in dieser Beziehung zu entsprechen und auch für unsere Verhältnisse durchaus passend zu sein scheint. Der Vorschlag geht davon aus, dass zunächst, gleich den Briefmarken, für den gesamten Personenverkehr der Eisenbahn Kilometermarken mit steigenden Sätzen ausgegeben würden. Wie man Briefmarken zu 3, 5, 10, 20 Pf. u. s. w. an den Postschaltern und in den Läden kauft, so würde man Kilometermarken etwa von 5, 10, 20, 50 und 100 km nach einer bestimmten Grundtaxe kaufen. Ausserdem würde die Bahnverwaltung unentgeltlich an allen Schaltern, in Gasthöfen, Kaufläden u. s. w. leere Kartons von handlichem Umfang, sog. Blanketts, dem Publikum zur Verfügung stellen. Diese Blanketts würden an der Stirne nur den Namen der Ausgangs- und Endstation, sowie deren Entfernung in Kilometern gedruckt enthalten. Die übrige Fläche wäre in eine kleine Anzahl Felder zum Einkleben der Kilometermarken eingeteilt. Das ist der ganze Apparat, mittelst dessen unser heutiges so umständliches Fahrkartenwesen beseitigt würde. Die Einfachheit dieses Mittels und der Manipulationen, die hierbei nötig sind, liegt auf der Hand. Jeder Reisende ist hierdurch in den Stand gesetzt, sich jederzeit seine Fahrkarte für jede beliebige Tour in kürzester Frist selbst auszufertigen. Er bedarf nur der Kilometermarken und des Kartons, zwei Dinge, die er sich überall auf die leichteste Weise verschaffen kann. Mit der selbst ausgefertigten Karte besteigt er den Zug, wo dieselbe vom Schaffner in ebenso einfacher Art kontrolliert und die Marken entwertet werden. Die Einrichtung zum Gebrauch und zur Kontrolle ist so praktisch, dass eventuell sogar ganz weisse Kartons ohne Aufdruck, nur mit den Feldern als Formulare abgegeben werden könnten, in welchem Falle natürlich die Namen der Ausgangs- und Endstation nebst Entfernung aufgeschrieben werden müssten. Es ist nicht zu zweifeln, dass dieser ganze Apparat und seine Handhabung sich sehr rasch und sicher beim Publikum einbürgern würde. Die Erhebung einer entsprechenden Gebühr von seiten des Schaffners für jede nicht korrekt ausgefertigte Fahrkarte würde voraussichtlich schnell zur Erlernung dieser Kunst beitragen.

Die unentgeltliche Verabfolgung der Blanketts an das Publikum

---

1) Joseph Lerche, Die Eisenbahn der Zukunft oder der Verkehr ohne Schranken. Zittau. Oliver's Buchhandlung. 32 S.

wird einen nicht unbedeutenden Kostenaufwand verursachen. Wir glauben aber nicht fehlzugehen mit der Behauptung, dass diese Kosten noch nicht den vierten Teil von dem betragen werden, was die umständliche und verzwickte Art der Ausfertigung, Verrechnung und Kontrolle der bestehenden Fahrkarten heute erfordert. Auch die Postverwaltung denkt nicht daran, bei den Postkarten sich die Kartons und ihre Herstellung besonders bezahlen zu lassen.

In der Geschichte des Verkehrswesens spielt das Ei des Kolumbus oder der »gute Einfall« bekanntlich eine ganz hervorragende Rolle. Die tiefgehendsten und bedeutungsvollsten Einrichtungen beruhen oft auf ihm. Kann man sich etwas Simpleres, Harmloseres vorstellen, als eine Briefmarke oder eine Postkarte? Und wie haben dieselben auf die ganze postalische Entwicklung der Welt revolutionierend eingewirkt! Sie sind heute für die gesamte Kultur schlechthin unentbehrlich geworden und werden es solange bleiben, bis sie vielleicht durch irgend einen anderen »Einfall« überflüssig geworden sind. Als unsere heimatliche Bahnverwaltung mit der Einführung der Landeskarten einen solchen »Einfall« produzierte, bekam sie aus dem Norden des Vaterlandes allerhand Liebeswürdigkeiten zu hören. Wir wollen hoffen, dass ihr der Humor und die Lust zu weiteren guten Einfällen dadurch nicht verdorben worden ist.

XIII. Grosskapital und Eisenbahn.

In den allerorts sich immer mächtiger aufbäumenden Interessenkämpfen führen noch bis zur Stunde Sonderbestrebungen aller Art das entscheidende Wort. Ueber das, was uns trennt, werden Tausende von Reden gehalten und Hunderte von Büchern geschrieben; über das, was uns eint, herrscht tiefes Schweigen. Den ernsthaften Mächten der modernen Gesellschaft, den Mächten, von deren Wirken unser aller Wohl und Wehe abhängt, stehen wir blind, wie der Wilde den Feuerwaffen gegenüber. Wir sind so von ideologischen Voreingenommenheiten durchseucht, dass der blosse Gedanke, die wirtschaftlichen Fragen ruhig, nüchtern und kühl abwägend ins Auge zu fassen, uns gar nicht kommt. Wir, d. h. nächstens die ganze Welt, von einer handvoll Verwaltungsräten und Millionären abgesehen, wir ballen die Faust gegen das Grosskapital, weil wir spüren, dass es uns das Mark aus den Knochen saugt. Es fällt uns aber ganz und gar nicht ein, zu fragen, worin seine Macht denn eigentlich beruht und welcher Art die Waffen sind, die ihm zu Gebote stehen. Das Grosskapital ist für uns eine mystische Macht. Anstatt seinen mystischen Schleier zu zerreissen, schreien wir nach der politischen Gewalt und alle Massregeln, die von den Regierungen angeblich zu unserem Schutze getroffen werden, dienen nur dazu, das Wirken dieser mystischen Macht noch unheilvoller zu gestalten.

Es ist Zeit, diese kindischen Gewohnheiten abzulegen. Wenn uns das Kapital aussaugt, so hat das seine ganz bestimmten, nachweisbaren Gründe und es ist hundertmal nützlicher, diesen Gründen nachzuspüren, als immer nur um Hilfe zu schreien. Wir wollen deshalb heute einen dieser Gründe ins Auge fassen, vielleicht dass da und dort die Lust rege wird, auch die anderen kennen zu lernen; allerdings einen Hauptgrund — die Stellung des Grosskapitals zur Eisenbahn.

Eine sehr einfache Betrachtung lehrt uns zunächst, dass allein die Eisenbahn den Grossbetrieb geschaffen hat. Nur mittelst ihrer Hilfe war und ist es für das Binnenland möglich, die nötigen Rohmaterialien in Massen aus den verschiedensten Gegenden und und zu billigen Frachten zusammenzuführen; nur sie ermöglicht hinwiederum die Verbreitung der Fabrikate in weite Absatzgebiete, die Seehäfen mit inbegriffen. Noch vor 50 Jahren war es die Höhe der Ueberlandfrachten, welche Produktion und Absatz lokalisierten. Nur hochwertige, kostbare Dinge konnten die Frachtkosten tragen. Der Massenabsatz war unmöglich. So ist es jahrhundertelang bei den Betrieben mässigen und geringen Umfangs geblieben, die alle ihr Auskommen fanden, fremden Wettbewerb kaum kannten und ihres örtlichen Absatzgebietes sicher waren.

Der Grossbetrieb wurde aber nicht nur von der Eisenbahn geschaffen, sondern die Eisenbahnen wurden hinwiederum die gefügigen Diener des Grossbetriebs. Sie sind heute seine wichtigste und gewaltigste Stütze. Das Grosskapital beherrscht unsere Eisenbahnen völlig, vom ersten Spatenstiche bei der Erbauung an bis zum letzten Tarifsatze beim Betrieb. Auch die sog. Verstaatlichung der Eisenbahnen, über welche von den Doktrinären der Sozialpolitik so unendlich viel unnötiges Zeug geschwatzt wird, hat an diesen Verhältnissen nichts geändert. Der

Staat besorgt hierbei die Geschäfte des Grosskapitals so gut und oft noch besser, als dieses selbst; denn wo, wie beispielsweise bei uns, die Erträge nicht ausreichen, um die Zinsen zu bezahlen, tritt der allzeit gefällige S t e u e r z a h l e r ein. Kein Mensch mit gesunden Sinnen wird leugnen, dass nichtsdestoweniger die Eisenbahnen vom Standpunkt der Gesellschaft aus einen ungeheuren Fortschritt repräsentieren, da sich mit ihrer Hilfe das Gesamtprodukt der einzelnen Nationen verdoppelt, vervierfacht, ja verzehnfacht hat. Schlimm ist nur, dass die Verteilung dieses Produktes unter die produzierenden Klassen immer ungleicher, die Aneignungskraft des Kapitals immer grösser und die Aussaugung des Volkes immer unheimlicher wird. Muss das so sein? Wenn die Beantwortung auf diese Frage bejahend lautet, dann wäre es ohne Zweifel besser, das Rad der Geschichte rückwärts zu drehen und die Eisenbahnen wieder abzuschaffen.

Die Eisenbahnen sind, wie gesagt, die eigentlichen Schöpfer der Grossindustrie. Alle anderen Momente treten ihnen gegenüber in den Hintergrund. »Produire c'est mouvoir« — »Produzieren ist bewegen«, lautet ein altes Wort. Liegt es nun in dem Wesen dieser gewaltigen Motoren, nur die grosse Wirtschaft zu schützen, die kleine aber zu zermalmen? Mit nichten. Es lässt sich vielmehr ziffernmässig nachweisen, dass die spezifischen Vorteile, welche dem Grosskapital aus den Eisenbahnen erwachsen, nicht in ihrer Aktionskraft selbst, sondern darin ihren Grund haben, dass das Kapital es meisterhaft verstanden hat, diese Kraft so zu leiten, dass alle Vorteile ihm selbst, alle Nachteile uns anderen zu teil werden. Das Mittel ist die T a r i f p o l i t i k. Es ist nachgerade Zeit für die Volkswirtschaft, etwas weniger Metaphysik und etwas mehr Arithmetik zu treiben. Die vier Spezies reichen für alle einschlägigen Fragen vollkommen aus.

Die grosse Tarifreform der deutschen Eisenbahnen vom Jahre 1878 stufte die Transportmengen für den Tarif ab in g r o s s e L a d u n g e n von 10000 kg, in k l e i n e L a d u n g e n von 5000 kg. und in S t ü c k g u t. Bei Stückgut wird die Fracht mindestens für 20 kg erhoben und zwar sind die Einheitspreise dieselben, bis die Gewichtsgrenze der kleinen Ladung von 5000 kg erreicht ist. Nun kosten 100 kg Stückgut für 1 km 1,10 Pf., Ladungen dagegen höchstens 0,60 Pf. Bei zahlreichen Artikeln der Spezialtarife sinkt der Preis sogar auf 0,45—0,22 Pf. herunter, ganz abgesehen von den noch billigeren Ausnahmetarifen. Demnach zahlen 10 000 kg Stückgut auf 100 km 110 M., während die teuerste Ladungsklasse für dasselbe Gewicht 60 M. zahlt. Bei verschiedenen Ausnahmetarifen gehen die billigsten Ladungsfrachten sogar bis auf 16 M. herab. Diese Frachtdifferenzen sind enorm. Ihre Vorteile geniesst einzig und allein der grosse Betrieb und der Grosshandel, weil nur sie im stande sind, mit Ladungen zu operieren. Die Folgen sind mit Händen zu greifen: trotzdem heutzutage dank dem breiten Dienst der Oeffentlichkeit mittelst Zeitungsberichten, Inseraten, Plakaten und Adressbüchern die Kenntnis der Bezugsquellen eine sehr ausgedehnte ist, bleibt für den mittleren und kleinen Mann doch der direkte Bezug unmöglich. Zwischen den Konsumenten und den Fundort des Rohmaterials, d. h. den Landwirt, den Fabrikanten, den Importeur schieben sich immer wieder Zwischenhände, die einen grossen Teil des Profits abreissen. Bei unserer ganzen Tarifentwicklung sind gerade die landwirtschaftlichen und kleingewerblichen Betriebe am schlechtesten gefahren. Während die Frachten vieler Rohmaterialien und vieler Massenerzeugnisse — jedoch unter geringer Berücksichtigung der landwirtschaftlichen und forstlichen Produkte — fort und fort zu den gegen Stückgut bestehenden Unterschieden noch zahlreiche weitere Verbilligungen durch Ausnahme- und Ausfuhrtarife erfahren haben und damit die Entstehung weiterer Grossbetriebe oder die Vergrösserung der bestehenden Anlagen förderten, blieben die hohen Stückgutsätze für die grosse Menge der Artikel unverändert. Auch aus diesem Grunde haben die kleinen Betriebe mehr und mehr um ihr Dasein zu ringen.

Fast alle Regierungen, auch die unserige, erfreuen sich sogenannter Eisenbahnbeiräte. Die Vertreter des württembergischen Eisenbahnbeirats für Handel und Gewerbe sind fast ausschliesslich Kommerzienräte — einer sogar ein geheimer! — d. h. typische Vertreter des Grosskapitals. Bei der landwirtschaftlichen Gruppe sieht's kaum anders aus: einige Grossgrundbesitzer und eine Anzahl Oekonomieräte. Wir sind weit entfernt, zu argwöhnen, dass diese Herren ihre bevorzugte Stellung mit Bewusstsein ausnützen, um Privatvorteile herauszuschlagen. Aber es ist doch wohl unbestritten, dass sie die Welt der wirtschaftlichen Zusammenhänge nun einmal durch ihre, d. h. die grosskapitalistische Brille ansehen. Woher sollten sie wissen, wo den mittleren und kleinen Mann, den Beamten und den Arbeiter der Schuh drückt? Im letzten Jahrzehnt wurden die Ladungsfrachten schrittweise reduziert und Tarifgeschenke bald an diese bald an jene sich andrängende Interessentengruppe gewährt. Ist es ein blosser Zufall, dass alle diese Massnahmen nur dem Grosskapital zu gute kommen? Nein! Das Grosskapital hat Vertreter, die wissen, was sie wollen, und wenn ihm auch, wie oft genug, die wahre Bildung fehlt, so stehen ihm hundert Mittel zu Gebote, um seinen Wünschen und Interessen Geltung zu verschaffen. Den kleinen Mann findet man in derartigen Körperschaften nicht; auch fehlt ihm teils die Bildung teils die Zeit, und der Zutritt zu den Leitern des Staates und zu den Behörden wird ihm weit nicht so leicht. Sein Horizont geht auch oft genug nicht über seinen Kramladen hinaus. Er gründet deshalb »Schutzvereine«, schimpft auf Konsumgenossenschaften und Hausierer und hofft auf Gesetze über »unlauteren Wettbewerb«. Die Schlingen, mit denen ihm das Grosskapital die Kehle zuschnürt, sieht er nicht einmal!

Was für ein Vorsprung für den kapitalistischen Betrieb liegt nicht schon in der Zulassung der Privatgüterwagen, in welchen die Ware ohne jede Verpackung befördert werden kann, z. B. Zisternenwagen für Säuren, Petroleum, Spiritus u. s. w.? Ein solcher Wagen, für dessen Rückbeförderung nichts erhoben wird, macht sich schon im ersten Jahre bezahlt. Die Kapitalanlage für solche Wagen ist verhältnismässig gering, so dass der Besitzer noch ca. 30 Proz. an den Ladungsfrachten gewinnt.

Kurz, wohin wir auch bei der Eisenbahn blicken, immer ist es das Kapital, welches die Vorteile einheimst, und der kleine Mann, welcher die Nachteile zu tragen hat, um vom Konsumenten überhaupt, der einfach mit Füssen getreten wird, ganz zu schweigen. Man hat die Machtstellung des Kapitals im wirtschaftlichen Kampfe schon oft mit den modernen Kriegsbataillonen verglichen, die einem einheitlichen Willen gehorchend, jeden Einzelwiderstand, und wäre er noch so zahlreich, unfehlbar niedermähen. Nun! Die Eisenbahn ist heutzutage dank der Blindheit des Volkes das wahre Operationsfeld, auf dem sich der Aufmarsch dieser Bataillone vollzieht und auf dem die Schlachten des wirtschaftlichen Kampfes geschlagen werden. Wer sie hat, — und das Kapital hat sie bis zum letzten Nagel — ist unumschränkter Gebieter im Reiche der Volkswirtschaft.

Wir haben schon oben darauf hingewiesen, dass die Verbilligung des Massentransportes vom Standpunkt der Gesellschaft aus einen ungeheuren Kulturfortschritt bedeutet.

Es kann uns also nicht in den Sinn kommen, etwa durch Erhöhung der Tarife oder andere vexatorische Massregeln diesen Massentransport wieder zurückzuschrauben. Derartige Gelüste regen sich bekanntlich bei den norddeutschen Agrariern, denen die Konkurrenz des Weltmarktes auf den Fersen brennt. Es handelt sich bloss darum, die Vorteile des Massentransports, welche zur Zeit ausschliesslich das Grosskapital geniesst, dem kleinen Mann, dem Arbeiter, kurz jedermann zuzuwenden. Mit anderen Worten: Die stetige Verbilligung des Grossverkehrs führt zur Ausplünderung des Volkes, wenn nicht zu gleicher Zeit auch für die Verbilligung des Kleinverkehrs Mittel und Wege gefunden werden.

XIV. Eisenbahnreform und Landwirtschaft.

»Lassen wir den Engländern das Vergnügen, ihr Land durch den Bau von Eisenbahnen zu ruinieren. Wir werden uns hüten, ihnen nachzuahmen!« Dieses goldene Wort gouvernementaler Weisheit sprach bekanntlich ein preussischer Minister zu Anfang der vierziger Jahre vor den versammelten Landständen. Es wäre keine schwierige Aufgabe, auch aus der Gegenwart geflügelte Worte anzuführen, die an Ministertischen und ähnlichen hochachtbaren Plätzen gefallen sind und die ein gleich tiefes Verständnis für die modernen Verkehrsinteressen und die wirtschaftliche Entwicklung überhaupt verraten. Die Eisenbahn ist zwar mittlerweile auch ohne besondere ministerielle Erlaubnis zum kräftigen Manne herangereift. Ihre wahre Bedeutung aber und ihr hoher kulturhistorischer Beruf wird noch bis zur Stunde in den massgebenden Kreisen so wenig gewürdigt, dass die unsinnigsten Urteile über sie an der Tagesordnung sind. Eine der merkwürdigsten und schlimmsten Folgen dieser Unkenntnis aller mit dem Verkehr zusammenhängenden wirtschaftlichen Interessen ist die unbestreitbare Thatsache, dass Landwirtschaft und Eisenbahn sich im grossen und ganzen bis zur Stunde noch völlig fremd gegenüberstehen. Nur wo die Profitwut, sei es des beweglichen, sei es des unbeweglichen Grosskapitals, wie in der Frage der Staffeltarife, unmittelbar tangiert wird, rührt man sich in landwirtschaftlichen Kreisen, ohne dass bis jetzt irgend etwas zu Tage gefördert worden wäre, als ein unentwirrbarer Knäuel entgegenstehender Bestrebungen und Wünsche.

Speziell für die Landwirtschaft S ü d d e u t s c h l a n d s, die fast durchaus auf den Schultern des kleinen und mittleren Bauernstandes ruht, gilt vor allem der Satz, dass Beziehungen zwischen ihr und der Eisenbahn noch so gut wie gar nicht angeknüpft sind. Das gilt ganz besonders auch von unserem Württemberg. Der Bauer verdankt im grossen und ganzen der Eisenbahn nichts als die durch die grossen Verkehrsbahnen geschaffene Preisherabsetzung seiner Produkte und die durch eine falsche Bahnpolitik mit ihrem wachsenden Defizit erhöhte Steuer, zwei höchst zweifelhafte Gaben, die, wenn es in diesem Tempo fortgeht, notwendig zu den allertraurigsten Zuständen führen müssen. So wenig wir gewillt sind, in den blöden Lärm nach »höheren Preisen« einzustimmen — als ob nicht eben die niederen Preise das sicherste Zeichen einer immer höher gehenden Kulturentwicklung wären —, so sehr halten wir es für geboten, sich die Frage vorzulegen, ob aus der Verkehrsentwicklung überhaupt, die dem kleinen Landwirt bis jetzt fast nur N a c h t e i l e bringt, nicht auch V o r t e i l e für ihn zu erzielen wären und diese Frage ist es, für die wir auf kurze Zeit die Aufmerksamkeit des Lesers erbitten.

Ein Blick auf die thatsächliche Lage der Dinge bringt sofort Licht in die Frage. Trotzdem die Eisenbahn bei uns alle Gauen des Vaterlandes durchschneidet, vollzieht sich der Verkehr zwischen Stadt und Land noch bis zur Stunde in der Form, in der er schon vor der Erbauung der Bahnen von statten ging. Das Landvolk benützt die Eisenbahn nicht und kann sie nicht benützen. Denn erstens ist sie zu teuer, zweitens zu unbequem und drittens zu umständlich. Die Entwicklung der Eisenbahnen ging bis jetzt unter fast ausschliesslicher Berücksichtigung der grossen Verkehrszentren, der Städte, vor sich; das Land war nur dazu da, um von ihr d u r c h s c h n i t t e n zu werden. Infolge hievon hat sich auch die ganze Gedankenwelt des Volkes in Beziehung auf die Eisenbahnen fast ausschliesslich in dieser Richtung bewegt, und die gewiss sehr naheliegende Frage, ob das Land nicht auch zu etwas anderem als zum »Durchschneiden« da sein könnte, wurde nicht einmal aufgeworfen. In derselben Zeit, wo sich der F e r n-v e r k e h r der modernen Gesellschaft immer grossartiger entwickelte und früher ungeahnte Dimensionen annahm, wurde der N a h v e r k e h r, d. h. der Verkehr zwischen Stadt und Land, sich selbst überlassen und vollzieht sich deshalb noch heute im wesentlichen so wie vor hundert Jahren, d. h. mit Bernerwägelchen, Handkarren und auf Schusters Rappen.

Es erfordert geringes Verständnis, um einzusehen, dass diese Schwerfälligkeit und Umständlichkeit des Nahverkehrs zwischen Stadt und Land die gesamte Produktivkraft unserer Landwirtschaft aufs schwerste schädigt. Eine Unsumme an Zeit und Kraft, die der Intensität der Wirtschaft zu gute kommen könnte, geht auf diese Weise verloren. Die Propheten des Bauernbundes und die Wortführer des Agrariertums ermangeln nicht, uns die Schrecknisse des Weltmarktes, der Schafwolle aus Australien den Zentner mit 50 Pf. Transportkosten, oder Weizen aus Amerika mit 30 Pf. in die europäischen Häfen wirft, in den glühendsten Farben zu schildern, dass aber mit Hilfe der Eisenbahnen und einer rationellen Gestaltung des Nahverkehrs die Produktivkraft unserer heimischen Landwirtschaft enorm gesteigert werden könnte, kommt ihnen gar nicht in den Sinn. Da auch ihr Herz vorzugsweise am Profit hängt, so berühren sie Massregeln, die in erster Linie und ganz vorzugsweise der Arbeit zu gute kommen, nicht. Man vergleiche die grossartige, raffinierte und fein durchdachte Weise, mit der die Industrie sich alle Vorteile des modernen Verkehrs zu eigen zu machen weiss, mit der unbeholfen schwerfälligen Art, mit der sich unsere kleine und mittlere Landwirtschaft zur Zeit noch behilft. Es ist keineswegs richtig, was man so vielfach behaupten hört, dass diese Schwerfälligkeit eine notwendige Folge des Kleinbetriebs sei. Man öffne erst einmal durch eine rationelle Entwicklung des Nahverkehrs die Eisenbahnen unserer Landwirtschaft, und es wird sich in Bälde zeigen, dass auch der Kleinbetrieb durch gegenseitige Verständigung und wirtschaftliche Genossenschaften Mittel und Wege finden wird, um derselben Vorteile teilhaftig zu werden, auf denen die produktive Ueberlegenheit der Industrie beruht.

Der erste und wichtigste Schritt zur Hebung der Landwirtschaft ist also der, ihr die Eisenbahn zugänglich zu machen. Wir verhehlen uns nicht, dass ein solcher Schritt nicht bloss eine totale Umgestaltung des bisherigen Verkehrsschlendrians, sondern auch eine vollständige Revolution in den Anschauungen der massgebenden Personen voraussetzt. Die Lage der Landwirtschaft ist eine so schlimme und die Mittel, die zu ihrer Hebung empfohlen und angewendet werden, sind so verkehrt, dass die einzige rationelle und wahrhaft befreiende Massregel, nämlich die Eisenbahnreform sich nicht länger aufschieben lässt. Durchs ganze Land ziehen die eisernen Strassen, ohne dass sie dem »Lande« zu gute kommen. Man organisiere einen billigen Nahverkehr nach den Grundsätzen, die wir des öfteren entwickelt haben. Man entledige sich aller hergebrachten Vorstellungen und schaffe eine neue rationelle Verkehrsbasis, auf der sich die wirtschaftlichen Kräfte unseres Landvolks rasch zurecht finden werden. In Oberschwaben hat die Regierung bereits in erfreulicher Weise mit dem alten Herkommen gebrochen und einen neuen Motor in den Bahnbetrieb eingefügt, der sich im kleinen Kreise bestens erprobt hat. Mit der Organisation des Nahverkehrs eröffnet sich ein neues umfassendes Versuchsfeld für alle möglichen Motoren. Hier könnten sich auf die billigste Weise die grössten Effekte erzielen lassen. Das neu engagierte Kapital wäre verschwindend gegenüber den Unsummen, welche unsere bisherige Eisenbahnpolitik verschlungen hat und noch verschlingt, ohne etwas anderes zu stande zu bringen, als die Verschärfung des Gegensatzes zwischen Stadt und Land und die Schaffung immer ungesunderer Verhältnisse. Ja, wir vermuten mit gutem Grunde, dass die Erträgnisse dieses Nahverkehrs das Land in den Stand setzen werden, an die definitive Ordnung der Eisenbahnfinanzen zu gehen und jene traurigen Zustände zu beseitigen, durch welche die reichen Leute zwar immer reicher werden, das arme Land aber immer mehr zurückgeht.

XV. Fahrplan-Studien.

Der Eisenbahn-Fahrplan scheint ein höchst simples Ding zu sein — ein Haufen Namen und Zahlen. Sobald man aber überlegt, dass diese Namen und Zahlen für jeden, der die Eisenbahn benützen will, ganz genaue Vorschriften enthalten — so genaue, wie eine Vorladung vor Gericht — und dass wir diese Vorschriften gewöhnlich ohne Murren befolgen, was bei gerichtlichen Vorladungen nicht immer der Fall ist, so flösst uns dieses Stück Papier denn doch einen gewaltigen Respekt ein. Geht man in der Erkenntnis noch einen Schritt weiter und fasst, wie das ja heutzutage üblich ist, das seltsame Ding von seiner sozialen Seite ins Auge, so wird der Respekt womöglich noch grösser und wir sehen im Fahrplan nichts Geringeres, als eine Projektionskarte der lebendigen Verkehrsinteressen der Gesellschaft, eine Art graphischer Darstellung der sozialen Zirkulation von Produkten und Menschen. Es fehlt jetzt nur noch ein Philosoph, der uns das Ding begrifflich zergliedert, und die Hochachtung vor ihm kann im Lande der Denker, in dem wir ja leben, ins Unbegrenzte gehen. Sehen wir uns zunächst die Namen an. Da wirbeln grosse und kleine Städte, Dörfer und Dörfchen bunt durcheinander. Jedes dieser Gemeinwesen bekommt seinen Teil Fahrgelegenheit ab, das eine mehr, das andere weniger. Am meisten natürlich, wie sich gebührt, die Hauptstadt des Landes, die Metropole der schwäbischen Intelligenz und, was ebensoviel, wenn nicht mehr sagen will, die Hauptrepräsentantin der schwäbischen Steuerkraft. Seit sie nach dem Ausspruche des kompetentesten Beurteilers nicht mehr am Nesenbach, sondern am Neckar liegt, ist ihr Ansehen in den Augen aller guten Landeskinder noch bedeutend gestiegen. Wenn man von diesem Juwel des Landes aus den Blick über die grossen Verkehrsadern hingleiten lässt, welche radienförmig nach allen Himmelsrichtungen ausstrahlen, so wird uns die wahre Bedeutung unseres Fahrplans sofort klar. Die Rücksichtnahme auf die Interessen der Hauptstadt überwiegt so vollständig alle anderen Gesichtspunkte, dass die übrigen Namen mehr nur als dekorative Beigabe, denn als selbstberechtigte Interessen-Komplexe zu gelten haben. An der 1700 km langen eisernen Fahrstrasse, welche nach Nord und Süd, nach Ost und West unser Land durchzieht, liegen rund achtzig Städte, die ebensoviele Konzentrationspunkte des wirtschaftlichen Lebens bilden. Sie repräsentieren alle möglichen Stufen der ökonomischen Entwicklung. Aber trotz ihrer Verschiedenheit, sei es in Handel und Gewerbe, sei es in Industrie und Landwirtschaft, haben sie doch alle ein Gemeinsames: jeder dieser Plätze bildet für sich den **Mittelpunkt einer Interessengemeinschaft**, die sich von der Stadt aus aufs Land und umgekehrt vom Land aus in die Stadt erstreckt. Jeder ist das Zentrum eines **Nahverkehrs**, der sich in allen möglichen Formen abspielt und den mannigfaltigsten Zwecken wirtschaftlicher, politischer, idealer Natur dient. **Auf diesem Nahverkehr beruht in erster Linie die wirtschaftliche Kraft des Landes.** Wer ihn nicht versteht und die Bedeutung des primären Austausches der Produkte zwischen Stadt und Land nicht zu würdigen weiss, der versteht von Volkswirtschaft kein Wort, selbst dann nicht, ja dann erst recht nicht, wenn er über den »Notstand der Landwirtschaft« und die »Notwendigkeit des Schutzzolls« die schönsten Reden zu halten weiss. Ein Blick auf unseren Fahrplan genügt, um zu sehen, dass diesem Austausch keine Rechnung getragen ist. Von einigen schwachen Anläufen abgesehen, die in der Nähe unserer grössten Städte und nur vom einseitigsten Standpunkte der Grossindustrie aus genommen wurden, indem man sogenannte »Arbeiterzüge« einführte, giebt es im ganzen Lande thatsächlich keinen Platz, wo die Organisation eines rationellen Nahverkehrs auch nur versucht wäre. Die Interessen des Nahverkehrs haben weder Leute, die für sie sprechen, noch eine Presse, die für sie wirkt. Sie werden deshalb als nicht existierend angesehen. Der Fahrplan gleicht in dieser Beziehung einer Lotterie, wo auf 100 Lose 99 Nieten und höchstens 1 Treffer kommt. Infolgedessen ist die Eisenbahn für den grössten Teil unseres Volkes noch heute nicht viel mehr, als sie vor 40 und 50 Jahren gewesen ist, eine — Kuriosität.

Bei näherem Zusehen wird das Studium des Fahrplans noch interessanter. Da fällt vor allem die enorme Zahl von Bummelzügen auf grosse Entfernungen in die Augen. Der Satz, dass Zeit Geld ist, gilt offenbar für uns Schwaben nicht. Von Ulm nach Stuttgart gehen beispielsweise tagtäglich sechs Bummelzüge und zwei Schnellzüge, ähnlich in umgekehrter Richtung. Es liegt auf der Hand, dass, namentlich seit unsere Schnellzüge auch III. Klasse führen, nur eine verschwindende Anzahl von Passagieren von diesen Bummelzügen für grössere Touren Gebrauch machen wird. Sie dienen also vorzugsweise dem Zwischen- oder Nahverkehr. Aber hierfür hinwiderum sind sie sehr wenig brauchbar, weil es vom blossen Zufall abhängt, ob sie sich den reellen Verkehrsinteressen anschmiegen oder nicht. Ist es thatsächlich der Fall, dass die Züge geschickt liegen, so geniesst man den seltenen Anblick, gut besetzte Personenwagen zu sehen, ist es aber nicht der Fall — und dies bildet die Regel — so rollen die Wagen halb- und viertelbesetzt oder leer durch die Welt. Nun denke man sich auf den acht Hauptplätzen von Ulm bis Stuttgart einen rationellen Nahverkehr organisiert, der sich den wirtschaftlichen Bedürfnissen anschmiegt, so werden die Bummelzüge sofort unnötig und der ganze Fern- und Zwischenverkehr lässt sich mit ein paar Schnellzügen bewältigen. Kurz, schon der Fahrplan belehrt uns, dass hier unendlich viel Geld zum Fenster hinausgeworfen wird. Der bekannte Zonentarifler E n g e l hat unwiderleglich nachgewiesen, dass der Personentarif der modernen Eisenbahn nichts anderes ist, als der alte Thurn- und Taxis'sche Posttarif. Der Fahrplan belehrt uns, dass, von den Schnellzügen abgesehen, auch unser ganzer Personenverkehr sich im wesentlichen noch nach Thurn- und Taxis'schem Schema abspielt. Das Dampfross beliebt zwar, etwas schneller zu laufen, als die Gäule des ehemaligen Reichsposthalters; aber die Grundsätze, welche die Verwaltung bezüglich der Ordnung des Personenverkehrs vertritt, sind dieselben geblieben: was zwischen der Ausgangs- und Endstation liegt, ist von ganz untergeordneter Bedeutung und hat sich unbedingt den Interessen der grossen Route, die von A nach B geht, unterzuordnen. Und weil zur Zeit des heiligen römischen Reichs das wirtschaftliche Leben in Handel und Industrie sich ausschliesslich in den grossen Städten konzentrierte, so bringt es die Liebe zum Hergebrachten und die Verkennung der volkswirtschaftlichen Bedeutung der Eisenbahnen fertig, dass in dieser Bahn des alten Herkommens weiter gefahren wird. Wenn dann die Volkszählung alle fünf Jahre ein immer grauenhafteres Anschwellen der grossen Städte und eine immer bedenklichere Verödung des Landes nachweist, dann schütteln unsere Staatsmänner allerdings bedenklich das Haupt; dass es aber eben ihre Eisenbahnpolitik ist, die in erster Linie diese traurigen Verhältnisse schafft, wird nicht erkannt.

Es giebt bald keine Gegend im Lande mehr, wo die unhaltbaren Zustände unserer Eisenbahnen nicht lebhaft empfunden werden. Von allen Seiten regnet es mit Vorstellungen, Bittgesuchen und Eingaben an die Verwaltung. Das Wenige, was hievon in die öffentlichen Blätter bringt, lässt auf das Viele schliessen, was an thatsächlichen Bedürfnissen vorliegt. Der eine Bezirk bittstellert um diesen, der andere um jenen kleinen Vorteil. Solange die Regierung an dem bisherigen S y s t e m e festhält, das allen gesunden volkswirtschaftlichen Anschauungen widerspricht, ist an eine durchgreifende Besserung nicht zu denken. Deshalb ist es die Pflicht auch der politischen Parteien, denen der Fortschritt und die Wohlfahrt des Volkes am Herzen liegt, diese verzettelten Wünsche und Bestrebungen einheitlich zusammenzufassen und den Finger auf die wahre Wunde zu legen. Unsere E i s e n b a h n l e u t e verspüren zur Zeit Frühlingswehen und rüsten sich, P o l i t i k e r zu werden. Es kann deshalb unseren Politikern nichts schaden, wenn sie ihrerseits »Eisenbahnleute« werden, d. h. Männer, welche das eminente volkswirtschaftliche Interesse, das sich an die Bahnen knüpft, gut zu beurteilen und in die richtigen Wege zu leiten wissen.

XVI. „Soziale Verkehrspolitik".

Eine Besprechung.

Unter diesem Titel wurde jüngst eine kleine Schrift [1]) veröffentlicht, die ein erfreuliches Zeichen dafür ist, dass allmählig auch in den Kreisen der Verkehrsbeamten selber das Bewusstsein von der Unhaltbarkeit der bestehenden Zustände im Eisenbahnwesen und von der dringenden Notwendigkeit der Reform heranzureifen beginnt. Eine ganze Reihe derjenigen Gesichtspunkte, für die wir längst, leider bis jetzt vergeblich, u n s e r e Eisenbahnverwaltung zu interessieren suchen, findet in der vorliegenden Arbeit eines hohen Eisenbahnbeamten volle Bestätigung. Was wir des öfteren über die Bevorzugung des Grosskapitals, über die unnatürliche Verquickung von Nah- und Fernverkehr, über die Schwerfälligkeit der ganzen Betriebsorganisation u. s. w. vorzubringen hatten, bestätigt uns hier ein F a c h m a n n so gründlich, als wir nur wünschen können. Er rollt eine ganze Reihe von Fragen auf, an die man bei uns noch nicht einmal zu denken wagt. Die Leiter unseres Verkehrswesens thun sich bekanntlich auf ihre sogenannte »Berücksichtigung der Volkswirtschaft« nicht wenig zu gute, aber bei näherem Zusehen ist leicht zu erkennen, dass diese »Berücksichtigung« immer nur ganz bestimmten kleinen Interessenkreisen zu gute kommt und deshalb von dem höheren Gesichtspunkt der sozialen Reform, d. h. der Ausgleichung und Förderung a l l e r Interessen weit entfernt ist.

»Von einer annähernd gleichmässigen Nutzniessung der Verkehrsmittel durch alle Bevölkerungsklassen« sagt unter anderem der Verfasser, »kann nicht gesprochen werden. Weitaus überwiegend fallen Nutzen und Vorteile der Verkehrsmittel den ohnehin besser gestellten Volksschichten zu; ganz besonders den Kreisen

---

1) Otto de Terra, Eisenbahndirektor in Frankfurt a/M., Soziale Verkehrspolitik. Berlin, L. Heymann. 44 S.

Mülberger, Eisenbahnreform.

des Handels und der Industrie und diesen umsomehr, je grösser die einzelne Unternehmung ist, je intensiver sie betrieben wird, je leistungsfähiger sie ist.« Er zitiert bei dieser Gelegenheit eine Notiz aus der Berliner »Tägl. Rundschau« Nr. 274 von 1894, wo es heisst: »Nirgends tritt die Bevorzugung der Grossbetriebe und gleichzeitig die Benachteiligung der Kleinbetriebe so stark hervor, als in den Gütertarifen der Eisenbahnen. In einer Petition der deutschen Seiler wurde vor einiger Zeit festgestellt, dass für 100 km Hanf von Berlin nach Köln zu zahlen sind als Einzelgut 6,29 M., in Wagenladungen aber nur 2,06 M., so dass die Grossindustrie nur ein Drittel der Taxe für das Kleingewerbe zu verauslagen hat. Wo solche Ungeheuerlichkeiten vorkommen, kann sicherlich nicht von sozialer Verkehrspolitik die Rede sein, da darf man schon eher von verkehrter Sozialpolitik sprechen. Im grossen und ganzen kommen die Vorteile der billigen Wagenladungstarife namentlich auch den Spediteuren zu gute und zwar in Gestalt so grosser Summen, dass man im österreichischen Handelsministerium schon seit längerer Zeit die Frage erwägt, in welcher Form der Staat diesen Sammeldienst der Spediteure selbst in die Hand nehmen könnte. Dazu wird über kurz und lang durch die Verhältnisse auch Deutschland gedrängt werden. Vielleicht erwirbt sich auch nach dieser Richtung hin Deutschland, wie mit der Verstaatlichung der Eisenbahnen, das Verdienst, bahnbrechend vorzugehen.«

Wir quälen uns seit Langem ab, unserer Bahnverwaltung die Abschaffung oder wenigstens Verminderung der Bummelzüge auf grosse Entfernung nahezulegen, weil bei ihnen eine unverantwortliche Verschwendung von Zeit und Geld stattfindet; wir haben keine Gelegenheit versäumt, auf die Notwendigkeit einer prinzipiellen Trennung von Nah- und Fernverkehr hinzuweisen. Der Verfasser der vorliegenden Schrift kommt zu den gleichen Resultaten: »Wie im Sachgüterverkehr«, sagt er, »kommt es auch im Personenverkehr hauptsächlich darauf an, mit einer möglichst grossen Zahl von aktiven Transportleistungen (Personenkilometern) möglichst wenig passive Transportleistungen, also Leerfahrten zu verbinden. Ausser der Tarifgestattung können zweckmässige Fahrpläne und Fahrgelegenheiten (Zugverbindungen) dazu beitragen, die den im Nah- und Fernverkehr sehr verschiedenen Bedürfnissen angepasst sind. Im Fernverkehr kommt es besonders auf direkte Verbindungen (Wagendurchgang) und Schnelligkeit an. Die Häufigkeit der Verbindungen ist hier von geringerer Bedeutung. Im Nahverkehr hingegen kommt vor allem die zeitliche Lage, die Zahl der Züge und der Fahrpreis in betracht.« Wir haben erst jüngst anlässlich der Eisenbahndebatte bei der Adressberatung darauf aufmerksam gemacht, dass alle Bemühungen unserer Bahnverwaltung nutzlos sein werden, falls man sich nicht entschliesst, mit dem bisherigen Tarifsystem zu brechen.

Auch bezüglich der W a g e n k l a s s e n neigt der Verfasser durchaus unserer Ansicht zu. Er wünscht zunächst die Beseitigung der IV Klasse, die wir ja gücklicherwiese nicht haben, geht aber zugleich einen Schritt weiter und erhebt sich zu einigen allgemeinen Erwägungen, die sehr beherzigenswert sind. »Die Entwicklung des Personenverkehrs in anderen Ländern, namentlich England, beweist, dass mit der zunehmenden Erhöhung der allgemeinen Wirtschafts- und Bildungsstufe die Berücksichtigung der verschiedenen Einzelverhältnisse und Bedürfnisse in dem bisherigen Umfange immer entbehrlicher wird. In England wird es in nicht zu ferner Zeit auf allen Bahnen überhaupt nur noch zwei Wagenklassen geben. Auch sozialpolitische Erwägungen fordern eine Verminderung der Zahl der Wagenklassen. Weshalb haben sich die Klassengegensätze bei uns zu einer so tiefen Kluft erweitert? Doch nicht allein, weil mit der Zunahme der Bevölkerung die Existenzbedingungen bei uns immer schwieriger werden? Zum grossen Teil doch auch, weil wir, ganz besonders unsere »gebildeten« Kreise, uns viel zu sehr gegen die unteren Klassen abschliessen, teils aus engherzigem Dünkel, teils, und wie hier angenommen werden soll, zum grössten Teil aus völliger Unkenntnis dieser Klassen, ihrer Anschauungen, Eigenschaften, Wünsche und geistigen Bedürfnissen. Sehen wir uns unsere Dienstboten, Arbeiter u. s. w. doch einmal etwas näher darauf an, ob sie uns in alledem wirklich so weltenfern stehen, dass sich kein rein menschliches Band zwischen uns und·ihnen knüpfen liesse. Gehen wir doch einmal in Arbeiterversammlungen und sehen uns dort unbefangen um. Wir werden staunen, welches Mass von gesundem, praktischem Verstand, von Gemüt und vor allem von tiefem Bildungstrieb und von Erkenntlichkeit für jede Freundlichkeit eines Höherstehenden sich dort offenbart. Selbst die vielverschrienen Sozialdemokraten, die unzweifelhaft einen sehr grossen Prozentsatz der intelligentesten Teile der Arbeiterschaft in ihren Reihen haben, sind, in der Nähe betrachtet, keineswegs so schlimm, wie sie gemeinhin dargestellt werden, am häufigsten von denen, die sie am wenigsten kennen.« In dem grossen England mit seinen angeblich so schroffen sozialen Gegensätzen ist man nahe daran, sich mit z w e i Wagenklassen zu begnügen und unser kleines Württemberg mit seinen viel gleichartigeren gesellschaftlichen Schichtungen fährt fort, sich den thörichten Luxus von d r e i Wagenklassen zu gönnen!

Wie wenig Grund unsere Bahnverwaltung hätte, schon jetzt auf ihren Lorbeeren ausruhen zu wollen, beweist das Urteil, welches unser Fachmann über die jüngsten Neuerungen im Verkehrswesen ergiebt: »Die in letzter Zeit in Württemberg eingeführten Neuerungen im Personenverkehr«, sagt er, »kommen dem Gedanken einer von sozialreformatorischen Geiste erfüllten Reform keineswegs nahe. E h e r t r i f f t d a s G e g e n t e i l z u.« So ist es in der That. Was unserem Volke bisher geboten wurde, sind V e r g ü n s t i g u n g e n an spezielle Kreise, keine R e f o r m e n. Wir werden noch oft Gelegenheit haben, hierauf hinzuweisen.

Damit sei's genug. Das Bisherige wird genügen, um diejenigen Leser, welche die Bedeutung der Eisenbahnreform kennen, für die kleine, anspruchslose Arbeit eines tüchtigen Fachmanns zu interessieren.

XVII. Die preussische Staatseisenbahn.

Eine Besprechung.

Ueber die Organisation der preussischen Staatseisenbahnverwaltung erschien vor Kurzem aus der Feder eines hervorragenden Fachmanns eine treffliche kleine Arbeit[1]), die auch für unsere Heimat von grossem Interesse ist. Der Spiegel, welcher in dieser Schrift der preussischen Schwester-Anstalt vorgehalten wird, mutet uns so seltsam anheimelnd an, dass man beim Hineinblicken jeden Augenblick die wohlbekannten Züge der schwäbischen Verkehrsbureaukratie zu erkennen glaubt. Glücklicher Weise ist das nur

---

1) R e i n h o l d W e n z, Vierzig Millionen ersparte Steuern oder die Reform der Organisation der preussischen Staatseisenbahnverwaltung. Kritik und Vorschläge eines Praktikers. Berlin, G. Steiner, 1894. 54 S.

optische Täuschung. Wir bitten daher den Leser ausdrücklich, bei den nachstehenden Auseinandersetzungen stets im Auge zu behalten, dass nicht von Württemberg, sondern von P r e u s s e n die Rede ist.

»Das ganze Reichssteuerbudget für Wein, Tabak, Verkehr und Börse hat kaum die materielle Bedeutung, wie eine gesunde, einfache und billige Organisation der Staatseisenbahnen.« Mit diesen Worten zeichnet der Verfasser schon in der Einleitung die finanzpolitische Seite der Eisenbahn so treffend, dass kein Wort weiter darüber zu verlieren ist. Während unsere Staatsmänner immer unmöglicheren Projekten nachjagen, um dem so schwer darniederliegenden wirtschaftlichen Leben neue Schläge zu versetzen, weigern sie sich hartnäckig, ihre Blicke dorthin zu lenken, wo auf die einfachste Weise von der Welt Unsummen gewonnen und erspart werden könnten.

»Es ist nicht richtig, wenn ein Mann meinte, mittelst eines kleines Heeres von Geheimen Räten und endloser Berichte in diesem grössten aller Betriebe Europas alles und jedes selbst regieren zu müssen. Dieses Prinzip der maschinellen Anwendung von Vorschriften nimmt alle Arbeitslust und Schaffensfreudigkeit und hemmt die Initiative und den Fortschritt. D i e n e u e n G e d a n k e n s i n d n o c h i m m e r v o n u n t e n , a u s d e r u n m i t t e l b a r e n B e o b a c h t u n g g e k o m m e n . Welcher schöpferische Gedanke ist in den 10 Jahren von 1880 bis 1890 dem Ministerium der öffentlichen Arbeiten entsprungen? Es wird nicht regiert und gehandelt aus der unmittelbaren Beobachtung, was in zahllosen Dingen angeht, sondern es wird regiert nach unendlichen Vorschriften, aus der nachhinkenden Statistik und aus unendlichen Berichten.« Und mit plastischer Anschaulichkeit schildert uns der Verfasser diese bureaukratische Walkmaschine: »M a n w i l l n i c h t s d e r A u f s i c h t u n d d e r u n m i t t e l b a r e n A n o r d n u n g d e r V o r g e s e t z t e n ü b e r l a s s e n ; alles und jedes soll einheitlich gestaltet, genau vorgeschrieben und kodifiziert sein und so ist man zu einem masslosen Umfange der Bestimmungen und Dienstvorschriften gelangt und hat dabei übersehen, dass es durchaus nicht genügt, Vorschriften zu erlassen, sondern dass diese Verfügungen, besonders, wenn sie sich gegen bequeme oder vorteilhafte Manipulationen richten, auch durchgedrückt und im Sinne des Verfassers eingeübt sein wollen. Das Gedächtnis weder der Mitglieder der Behörden noch vollends der ausübenden Beamten reicht aus, um alle diese überaus komplizierten Vorschriften, die im gegebenen Moment zur Anwendung kommen sollen, zu behalten und die notwendige Folge ist, dass ein grosser Teil nur auf dem Papier steht. Sehr richtig ist es, was jene Artikel sagen, dass die gewohnheitsmässige Nichtbeachtung vieler Bestimmnngen naturgemäss die Achtung vor den Dienstvorschriften überhaupt herabsetzt und dass die Beamten sich gewöhnen, nur das zu beachten, was nach ihrer subjektiven Meinung nötig und ausführbar ist. Thatsächlich werden auch ungezählte Vorschriften unter den Augen der Vorgesetzten gänzlich und unerinnert unbeachtet gelassen. Jedermann kann z. B. sehen, wie das des Bestimmtesten schriftlich verbotene Auf- und Abspringen auf und von rollenden Fahrzeugen, das zahlreiche Tötungen und Verletzungen herbeiführt, aller Orten, auch bei den Personenzügen und namentlich beim Rangieren unbeanstandet geübt wird. Ueber hundert Hefte von Dienstvorschriften über einzelne Dienstzweige hat z. B. ein Stationsvorsteher zu beachten und ähnliche Sammlungen die übrigen zahlreichen Beamtenkategorien. Wenn die Leute das alles wissen und gegenwärtig haben sollten, müssten sie lauter Professoren sein. Naturgemäss entspringt aus diesen Verhältnissen eine gewisse Gleichgültigkeit. Die amtliche Sammlung der über die Behandlung der Personalien erlassenen Bestimmungen hat mindestens den doppelten Umfang des Textes wie die gesamte Bibel und das allgemeine preussische Landrecht, welches sämtliche zivilrechtlichen Verhältnisse umfasst, ist nur ein Katechismus dagegen. Dabei machen die Personalien nur etwa den z w ö l f t e n Teil der Dokumente aus. Die Bestimmungen über die Taggelder und Reisekosten der Staatseisenbahnbeamten, gewiss nur ein Gegenstand von geringem Umfange und höchst nebensächlicher Bedeutung, hat Zimmermann herausgegeben. Dies amtlich empfohlene Buch kostet drei Mark; man mag daraus auf den Umfang dieser Spezialgesetzgebung schliessen.«

Dass selbst die höheren Beamten auf diese Weise zu Teilen der bureaukratischen Walkmaschine degradiert werden, weist der Verfasser ebenso treffend nach: »Mit dieser Häufung schriftlicher Bestimmungen bis ins Kleinste ist eine Zusammenziehung der aufsichtführenden höheren Beamten in bureaukratisch organisierte Behörden verbunden und damit der Hauptschaden der jetzigen Verhältnisse besiegelt worden: D i e A u f s i c h t f e h l t b e i d e r A u s ü b u n g d e s D i e n s t e s a u f d e r S t r e c k e u n d sitzt auf dem Bureau. Die höheren Beamten kommen regelmässig nur zu einem bestimmten Zweck auf die Stationen, in die Abfertigungen, in die Werkstätten, in die Magazine und eilen, dass sie nach Erledigung des Geschäfts wieder nach Hause kommen, wo die Akten der Erledigung harren. Ueberdies haben sie keine Befugnisse; sie können nur Vorlagen machen. Dagegen werden bei den Dienststellen über unendliche Dinge von Beamten und Schreibgehilfen oft recht unzuverlässige Bücher geführt und endlose Rapporte erstattet, die wieder auf den grossen Bureaux der Behörden von unkontrollierten Revisionsbeamten kontrolliert werden oder auch nicht.«

Auf die trefflichen Ausführungen des Verfassers über die Ausbildung der Beamten, über die Einseitigkeit der juristischen, wie der technischen Vorbildung, über die Notwendigkeit des wirtschaftlichen Verständnisses, über den Kassenrat und die richtige Verwendung der Gelder unter Verselbständigung der eigentlichen Beamten u. s. w., u. s. w., können wir hier nicht weiter eingehen. Daneben rücken zahlreiche allgemeine Gesichtspunkte von grosser sozialpolitischer Bedeutung ins Sehfeld, so, wenn der Verfasser z. B. sagt: »Eine Kontrolle der konsumierenden Eisenbahnverwaltungen würde am besten die Syndikate und internationalen Abmachungen bekämpfen, und jedermann wird es recht und billig finden, wenn die konsumierenden Steuerzahler, welche die Eisenbahnverwaltung vertritt, dieselben Mittel im Preiskampfe anwenden, wie eine beschränkte Anzahl von Werken, die im Eigentum von einzelnen Personen oder Aktiengesellschaften stehen. Es kann nicht als ein gesunder Zustand anerkannt werden, wenn die spekulative Ausdehnung der Werke und die Massenproduktion dazu geführt haben, dass jahraus jahrein die heimischen Steuerzahler für die Schienen und Schwellen mehr bezahlen, als das Ausland.«

Nebenbei erfahren wir noch eine ganze Reihe interessanter Einzelheiten, aus denen ersichtlich ist, in welcher Weise mit dem Geld des Steuerzahlers gewirtschaftet wird: »Nach der Darlegung des Aufsatzes in Nr. 10 der Zeitung des Vereins deutscher Eisenbahnverwaltungen von 1894 sind die Güterwagen im ganzen jährlich nur 23 mal 24 Stunden in Fortbewegung begriffen gewesen und 342 Tage haben sie gestanden resp. sind sie rangiert worden.« Was für ein ungeheures Kapital liegt hier brach? »Im Betriebe werden, wenn sich erst das Studium der höheren Beamten den laufenden Dingen und den Einzelheiten auf den Stationen, Abfertigungen, Magazinen und Werkstätten zugewendet, Züge, Leerfahrten, Rangierlokomotiven à 10 M. für den Tag, Arbeiter und Materialien gespart werden. Die Personenzugmeile kostet 15 M., die Güterzugmeile 18 M. etwa an reinen Zugkosten. Ein einziger Güterzug auf 30 Meilen hin und her kostet also jährlich 394 000 M. Viele Einrichtungen werden verbessert und dasselbe Resultat einfacher und billiger erzielt werden, wenn erst helle Augen tagtäglich und nicht bloss gelegentlich auf dem Betriebe ruhen.«

Auch der Personentarif wird, wenn auch leider nur kurz gestreift: »Die Reform des Personentarifs harrt der baldigen Lösung. Derselbe ist in ausserordentlicher Weise zersplittert durch das System, hie und da grosse und kleine Brocken als Tarifgeschenke fortzugeben und enthält Ausnahmen über Ausnahmen, so dass der Normaltarif für die einfache Fahrt nur noch in ganz geringem Masse zur Anwendung kommt.«

Die bureaukratische Schwerfälligkeit zeigt sich namentlich auch bei Kleinigkeiten. »Wenn heute ein Stationsvorsteher ein Thermometer für 60 Pf. wünscht zum dienstlichen Gebrauch, so sind nicht weniger als acht bis neun schriftliche Akte erforderlich, um ihn in den Besitz zu setzen, die Ausgabe korrekt kassenmässig zu machen, das Stück zu inventarisieren auf der Station und dem Betriebsamt im Inventurenkontrollbuch u. s. w. Und dann kommt noch die Rechnungslegung.«

Seine Grundanschauungen, die aus der genauesten Beobachtung und Sachkenntnis geschöpft sind, fasst der Kritiker, wie folgt, zusammen: »Die ganze Anschauung, aus welcher die gemachten Vorschläge für eine Reform der Organisation fliessen, geht dahin, dass das Wirtschaftliche in den Vordergrund treten muss, dass nicht ein idealer Formalismus des Rechnungswesens mit grossen Umständen und Kosten, nicht eine ideale Einheitlichkeit und Fülle der Vorschriften an Stelle persönlichen Einflusses der Vorgesetzten den gewerblichen Betrieb des Eisenbahnwesens beherrschen muss und dass das Technische nur Mittel zum Zweck ist.«

XVIII. Die gesetzliche Verabschiedung des Eisenbahntarifs.

Die Frage, ob die Tarife unserer Eisenbahnen ein Gegenstand der **gesetzlichen Verabschiedung durch die Landstände** oder, wie bisher, eine blosse **Massregel der Verwaltung** sein sollen, wirft sich immer gebieterischer auf. Die Eisenbahndebatte vom Dezember 1851, über die wir oben[1]) berichteten, beweist, dass die Frage an sich keineswegs neueren Datums ist. Der Abgeordnete Moritz Mohl hat seiner Zeit den ersten energischen Versuch gemacht, um die Eisenbahn dem normalen Gang der Gesetzgebung auch im Tarifwesen anzugliedern und hiedurch den Boden für eine Sozialpolitik des Verkehrs zu ebnen, die einerseits der Verwaltung, so weit es nötig war, freie Hand lassen und andererseits die Verantwortung zu gleichen Teilen auf die gesetzgebenden Faktoren verteilen sollte. Die Hoffnung, dass es auf diese Weise gelingen würde, die Entwicklung des mächtigen Instituts in harmonischer Anpassung an die Interessen des allgemeinen Volkswohls zu fördern, war damals vielleicht eine gerechtfertigte. Dieser an der Wiege unserer Eisenbahnen unternommene Versuch scheiterte. Er wäre auch gescheitert, wenn der Antrag von Mohl eine noch so erhebliche Majorität gefunden hätte. Nachdem das richtige Prinzip der Staatseisenbahn einmal acceptiert war, entsprach es dem Geiste der damaligen politischen Gesamtlage, der sich in den Auslassungen des Staatsrats v. Knapp bei der Debatte von 1851 typisch wiederspiegelt, die parlamentarische Kontrolle nach Kräften zurückzudrängen.

Heute liegen die Bedingungen für eine richtige Lösung der Frage wesentlich anders. Unsere Eisenbahnen haben eine fünfzigjährige Geschichte hinter sich. Der Höhepunkt ihrer gesunden wirtschaftlichen Entwicklung ist längst überschritten und hat einer Bewegung Platz gemacht, die immer deutlicher in absteigender Richtung weiterschreitet. Bald ist eine volle Generation herangewachsen, die von der eisenbahnlosen Zeit nicht einmal mehr die Erinnerung bewahrt hat. Als jene denkwürdige Debatte stattfand, waren es kaum acht Jahre, dass die Kammer mit Zittern und

---
1) S. Nr. II.

Zagen an den Bau der Eisenbahn überhaupt herangetreten war. Dass die Eisenbahn das Fundament der ganzen modernen Volkswirtschaft werden würde, ahnte damals, von einigen bevorzugten aber isolierten Geistern abgesehen, niemand. Für die Entwicklung selber mögen Zahlen statt Worte sprechen. Im Jahr 1851 war eine Bahnstrecke von rund 250 km im Betrieb; die Bruttoeinnahmen betrugen 2 782 962 M. Im Betriebsjahr 1893/94 hatten unsere Eisenbahnen eine Gesamtlänge von 1717 km und die Bruttoeinnahmen waren auf 38 894 654 M. gestiegen. Das Anlagekapital betrug damals 42 608 571 M., heute 508 707 144 M. Bei der Bahnlänge ist die Steigerung eine siebenfache; beim Anlagekapital eine zwölffache; beim Bruttoertrag eine vierzehnfache. Am 1. Juni 1855 erreichte die Eisenbahnschuld die Höhe von 37 917 311 M.; am 31. März 1894 stand sie auf 403 069 646 M., d. h. elfmal höher. Im Jahre 1861 waren ungefähr 17, im Jahre 1890 fast 50 Proz. der Bevölkerung des Landes der Eisenbahn angegliedert.

Viel gewaltiger noch als in diesen trockenen Ziffern erscheint der Einfluss der Eisenbahnen, wenn wir ihre dynamischen Wirkungen auf den gesellschaftlichen Körper ins Auge fassen. Alle entscheidenden Thatsachen der modernen Volkswirtschaft, die gesamte Entwickluug der Grossindustrie, das Anschwellen der Städte und die Verödung des Landes, das Steigen der städtischen, das Sinken der ländlichen Grundrente, die missliche Lage der Landwirtschaft, die Verschuldung des Grund und Bodens, das steigende Uebergewicht des Kapitals über die produktive Arbeit, die drohende Vernichtung des Mittelstandes, die Proletarisierung breiter Volksschichten u. s. w. u. s. w. — alle diese Thatsachen, sagen wir, stehen im engsten Zusammenhange mit der Entwicklung der Eisenbahnen und lassen sich vielfach als direkte Wirkungen derselben nachweisen. Auf der anderen Seite wird kein verständiger Mensch leugnen, dass, von diesen zweifelhaften Errungenschaften abgesehen, die Produktivkraft des Volkes mit den Schienenwegen herangewachsen und eine Steigerung erfahren hat, die auf keine andere Weise zu erringen gewesen wäre. Die Eisenbahn ist die Achse, um die sich der ganze Güteraustauch der Gesellschaft und der Zirkulationsprozess des Kapitals dreht. Sie hat die Gesellschaft von Grund aus revolutioniert. Sie erzeugt und unterhält eine Bewegung der Menschen und Dinge, von der sich unsere Väter nichts träumen liessen. Sie allein befähigt uns, die Konkurrenz auf dem Weltmarkt aufzunehmen. Ja sogar im Kriege spricht sie, wie unsere Strategen übereinstimmend lehren, das entscheidende Wort.

In merkwürdigem Gegensatze zu der allumfassenden Bedeutung der Eisenbahnen steht nun die Thatsache, dass selbst dort, wo die Bahnen **Staatseigentum**, also schon formell Institute nicht der kapitalistischen Ausbeutung, sondern der öffentlichen Nützlichkeit sind, sie **jeder tiefergehenden konstitutionellen Kontrolle** entbehren. Unser Württemberg ist für diese Erscheinung in gewissem Sinne typisch. Nun wäre es ein grosser Irrtum, hierin bloss eine Nachwirkung des alten bureaukratischen Regimes zu sehen, dem jede Erweiterung parlamentarischer Rechte ein Greuel war. Es muss vielmehr mit aller Bestimmtheit darauf hingewiesen werden, dass **die grundlegenden Normen für unser ganzes Eisenbahnwesen zu einer Zeit aufgestellt worden sind, wo niemand, weder Regierung noch Kammer noch Volk, von der kommenden Bedeutung derselben eine irgendwie klare Vorstellung hatten**. Wenn je, so galt hier das Wort: »Caeci caecorum duces«[1]). Heute sind uns die Eisenbahnen über den Kopf gewachsen und allmählich ohne jedes bewusste Zuthun unsererseits durch ihr blosses Wachstum so sehr in den Mittelpunkt des Staatshaushalts und der öffentlichen Wirtschaft gedrängt worden, dass das finanzielle, politische und soziale Gleichgewicht des Landes in erster Linie durch sie bedingt ist. Die Folgen dieses Vorgangs, die Wirkungen dieser Verschiebung sind ganz ausserordentliche und zeigen sich hauptsächlich darin, dass die Verwaltungsmassregeln für die Ausgestaltung und den Betrieb der Eisenbahnen an Bedeutung, Einfluss und nachhaltiger Wirkung alle fiskalischen Experimente auf dem Gesamtgebiete der Finanzwirtschaft, also namentlich der Steuern, unendlich überragen. Jede einigermassen umfassende Tarifänderung z. B., sei es im Güter-, sei es im Personenverkehr, löst sofort Wirkungen aus, die in die wirtschaftlichen Verhältnisse der Bürger ganz anders einschneiden, als Steuern, Sporteln und dgl. Aber während fiskalische Experimente, wie beispielsweise die derzeitige **Steuerreform**, Monate, um nicht zu sagen Jahre lang den ganzen konstitutionellen Apparat in Aufregung und Bewegung versetzen, genügt für die Eisenbahn eine einfache Massregel der

---

1) Zu Deutsch: Blinde die Führer von Blinden.

Verwaltung ohne jede parlamentarische Kontrolle, um, wenn nötig, Wirkungen zu erzielen, die zehnmal eingreifender sind. Giebt es einen drastischeren Beweis für die Wahrheit, dass sich unser ganzer Konstitutionalismus bis zur Stunde grösstenteils auf Fiktionen aufbaut, und dass die thatsächliche Bedeutung der einzelnen sozialpolitischen Fragen oft genug mit der »Wichtigkeit«, die man ihnen in den parlamentarischen Körperschaften beilegt, im umgekehrten Verhältnisse steht?

Die r e a l e Bedeutung der Eisenbahn steht also, wie das Vorhergehende zeigt, mit der f o r m a l e n, d. h. rechtlichen Stellung im konstitutionellen Staate in schreiendem Widerspruch. Die Thatsache, dass dieser Widerspruch im Laufe der letzten Jahrzehnte weder im Lande noch in der Kammer überhaupt gefühlt wurde und erst in neuester Zeit allmählich in das kollektive Empfinden durchzusickern beginnt, zeigt deutlicher, als alles andere, wie weit wir noch in der klaren Erkenntnis der eigentlich treibenden Kräfte in Staat und Gesellschaft zurück sind. Der politische Parteiformalismus, der an Spinnengeweben herumzerrt, statt die auf dem Boden liegenden Schiffstaue aufzunehmen, sieht von alledem nichts. Es ist das um so bemerkenswerter, als nachgerade niemand mehr zweifeln kann, dass die Stellung unserer Eisenbahn als S t a a t s - e i g e n t u m sie vor dem Schicksal, in die Klauen des Kapitalismus zu geraten, nicht bewahrt hat. Es ist ein offenkundiges Geheimnis, dass die Rententitel unserer Eisenbahn zu zwei Dritteln in den Dossiers des Hauses Rothschild lagern, und es ist noch weniger zweifelhaft, dass die Erweiterung unseres Bahnnetzes nur durch Anhäufung immer neuer Berge von Schulden, d. h. von dauernden Tributpflichten an das Kapital möglich ist.

Sobald man sich über die beherrschende Stellung klar ist, welche die Eisenbahn heute gegenüber den produktiven Kräften des Volkes einnimmt, leuchtet sofort ein, dass es unter allen Umständen von Uebel sein muss, wenn dieses mächtige Institut, wie bisher, ausserhalb der parlamentarischen Kontrolle stehen bleibt. Die schlimmen Folgen dieses Zustandes machen sich zunächst nach zwei Seiten hin geltend. Auf der einen Seite wird in der Kammer jenes G e f ü h l d e r V e r a n t w o r t u n g für die wirtschaftlichen und finanziellen Leistungen der Bahnen unmöglich mit derjenigen Energie zum Durchbruch kommen, die der Bedeutung des Gegenstandes entspricht. Wer sich bloss um das »Dass«, aber nicht um das »Wie« zu kümmern braucht, erfasst eine Frage nie mit vollem Ernste. Und die parlamentarische Geschichte der letzten Jahrzehnte lehrt denn auch zur Genüge, dass die ganze Thätigkeit der Kammer bezw. der einzelnen Abgeordneten in Sachen der Eisenbahnen wesentlich darin beruhte, die Regierung immer **zum Bau neuer Bahnen zu drängen, ehe die wirtschaftliche Lage der alten auch nur einigermassen sichergestellt war.** Auf der andern Seite wird die Regierung, auch wenn sie sich alle Reserve auferlegt und nur mit grösster Vorsicht an den Bau neuer Linien herantritt, auf die Dauer diesem fortgesetzten Andrängen nicht widerstehen können. Auch hiefür fehlt es an Belegen bis auf die neueste Zeit nicht.

Im höchsten Masse schädigend wird aber diese Ausnahmestellung der Eisenbahn weiterhin dadurch, dass auf diese Weise **jeder wahre Fortschritt, jede tiefere Reform fast unmöglich gemacht ist.** Kann man der Regierung, welche aus naheliegenden Gründen stets von dem ganzen Schwergewicht ihrer Verantwortung durchdrungen ist, zumuten, von sich aus allein ohne den sicheren Rückhalt einer aufgeklärten öffentlichen Meinung in eine Reform einzulenken, deren Erfolge nicht schon von heute auf morgen einzuheimsen sind? Kann man von der Kammer erwarten, dass sich in ihr Leute finden werden, die sich in die Eisenbahnfrage einleben, sie gründlich studieren und erschöpfend beherrschen, so lange ihnen verwehrt ist, an das eigentliche Getriebe heranzutreten? Dort hemmt die auf sich selbst gestellte Verantwortung, hier der mangelnde Einblick jeden Aufschwung. Das Ende vom Lied ist, dass der fatalistische Zug einer einmal gegebenen Sachlage, an der sich nichts ändern lässt, unser ganzes Eisenbahnwesen beherrscht und das Volk immer tiefer in die wirtschaftlichen Missstände hineintreibt.

Es ist leicht verständlich, dass mit der **gesetzlichen Verabschiedung der Tarife** sich alle diese Verhältnisse von Grund aus ändern würden. Die Verwaltung fände den nötigen Rückhalt für jeden energischen Schritt, der sich eventuell als notwendig erweisen wird, und an die Kammer träte die Pflicht heran, die mächtigste wirtschaftliche Organisation des Landes gründlich kennen zu lernen. Beide Teile könnten nur gewinnen. Es wäre ein Boden für die gegenseitige Verständigung geschaffen, auf dem treffliche Früchte wachsen und gedeihen würden.

Man braucht wohl kaum darauf hinzuweisen, dass die **staatsrechtlichen Bedenken**, welche vor zwei Generationen die

Stellung der Eisenbahn im konstitutionellen Staate dauernd fixiert haben, für die moderne Zeit längst hinfällig geworden sind. Das Verfassungsleben unserer Heimat hat seit damals so tiefe und schwerwiegende Aenderungen durchgemacht; die wirtschaftlichen, finanziellen und allgemeinen Zustände haben sich so gänzlich verschoben; das Institut selber, dessen Neuordnung in Frage steht, ist so sehr ein anderes geworden, dass die Notwendigkeit einer Aenderung seiner konstitutionellen Basis sich zwingend aus den Verhältnissen selber ergiebt. Zudem ist sehr wohl zu beachten, dass es sich nicht um die Beeinträchtigung irgend welcher staatlichen Hoheitsrechte, sondern vielmehr um die Festlegung von Normen handelt, die in erster Linie und ganz vorzugsweise dem S t a a t zu gute kommen, indem sie allein die Möglichkeit bieten, aus der traurigen Schuldenwirtschaft herauszukommen und die Entwicklung der ökonomischen Kräfte des Landes mit dem Geiste des Gleichgewichts zu durchtränken. Es ist mit einem Wort eine im höchsten Sinne des Wortes k o n s e r v a t i v e Massregel, die wir fordern.

Noch weniger wohl ist es nötig, sich den Kopf über die Modalitäten zu zerbrechen, unter denen die parlamentarische Kontrolle des Eisenbahntarifwesens eventuell ins Leben zu treten hätte. Wenn je, gilt hier das Wort: »Wo ein Wille ist, da ist ein Weg.« Die gewissenhafte Prüfung aller einschlägigen Verhältnisse zeigt uns, dass weder der freien Bewegung noch der Initiative unserer Eisenbahnen irgend welche Beeinträchtigung droht, falls die Verwaltung verpflichtet würde, in angemessenen Zeiträumen die leitenden Gesichtspunkte ihrer Verkehrspolitik vor der Kammer darzulegen und die Zustimmung der Stände zu den Tarifmassnahmen einzuholen. Vielmehr würde sich hieraus die sehr wünschenswerte Erweiterung des ganzen verkehrspolitischen Gesichtskreises der Verwaltung mit Notwendigkeit ergeben. Denn im T a r i f w e s e n der Eisenbahn gipfeln die vitalsten Interessen der Privat- und Volkswirtschaft, und es ist ein alter Erfahrungssatz, dass der unmittelbare Kontakt mit den lebendigen Interessen der Gesellschaft auf bureaukratische Institute jeder Art nur fördernd und heilsam einwirkt. Schon in der Kammerdebatte von 1851 fand der Abgeordnete G o p p e l t hiefür treffliche Worte: »Ich muss doch bemerken«, sagte er, »dass die beim Tarifwesen zu berücksichtigenden Thatsachen T h a t s a c h e n d e s V e r k e h r s sind, welche weder die theoretische Bildung der mit der Verwaltung der

Eisenbahn beauftragten Staatsbeamten noch ihre praktische Erfahrung in der Verwaltung dieser Anstalt selbst an die Hand geben, sondern welche dem Verkehrsleben zu entnehmen sind, für dessen Kenntnis sich auch in einer Ständeversammlung die geeigneten Kräfte wohl finden würden.« Es ist nicht anzunehmen, dass die ausserordentliche Entwicklung der Eisenbahnen seit dieser Zeit das Verständnis für die »Thatsachen des Verkehrs« im Volke abgeschwächt hat und dass sich eine geringere Zahl tüchtiger Abgeordneten finden werde, um aus diesen Thatsachen die richtigen Folgerungen zu ziehen.

Ob man in seinen Erwägungen die Interessen des Staates oder die Interessen der Gesellschaft oder die Interessen der Eisenbahn selbst in den Vordergrund stellt, ist völlig einerlei. Alle Gründe sprechen in zwingender Weise dafür, dass es hohe Zeit ist, einem anormalen Zustand ein Ende zu machen, der wie ein Alp auf der wirtschaftlichen Entwicklung des Volkes lastet. Wir meinen überdies, jetzt, da wir am Vorabend einer Verfassungs- und Verwaltungsreform stehen, sei auch der Augenblick gekommen, um der Eisenbahn die ihr gebührende öffentlich-rechtliche Stellung einzuräumen. Schon haben die zwei einflussreichsten politischen Parteien des Landes die gesetzliche Verabschiedung der Eisenbahntarife unter ihre programmatischen Forderungen aufgenommen. In der Presse aller Parteien beginnt das Interesse für die Eisenbahn lebendig zu werden. Aber noch fehlt der Boden für die gemeinsame Verständigung. Mit der parlamentarischen Kontrolle der Tarife wäre er gefunden.